LEUR GRANDE TROUILLE

DU MÊME AUTEUR

Les Petits Soldats du journalisme, Les Arènes, 2003.
Quartier Nord, Fayard, 2006.
La Guerre des classes, Fayard, 2008.
Leur Grande Trouille, Les liens qui libèrent, 2011.

Vous pouvez contacter l'auteur à l'adresse suivante :
francois@fakirpresse.info

ISBN : 978-2-330-01805-4

FRANÇOIS RUFFIN

LEUR GRANDE TROUILLE

JOURNAL INTIME
DE MES « PULSIONS PROTECTIONNISTES »

BABEL

À Antoine,
Aline,
Ptitatou,
Marie,
Artura,
Éric,
Antony,
Angélique,
Stéphane,
Valéry,
Magalie,
Chef,
Mathieu,
Pierre l'Ardéchou,
Pierrot le socialo,
Emmanuelle, etc.,
la Dream Team de Fakir.

On ne fait pas de politique-histoire sans cette passion, c'est-à-dire sans cette connexion sentimentale entre intellectuels et peuple-nation.

GRAMSCI

C'est à ce moment que la chose vint à l'idée de Théodore : une chose lancinante, profonde, comme un coup, une blessure. Cette bagarre d'hommes pourtant déjà les uns des autres assez proches pour être venus ensemble, ou, enfin, s'assemblant, à ce rendez-vous de nuit, à ses périls, à cet espoir qu'il leur fallait bien avoir eu, que d'eux rassemblés quelque bien, quelque acte en tout cas, pouvait sortir ; cette bagarre... Chacun de ces hommes d'abord, par ses propos, à lui l'ignorant, le spectateur en surnombre, n'avait fait sentir que ses limites. Chacun ne disait pas tout à fait ce qu'il aurait dû dire, pour que la pièce fût bien construite, ou tout au moins pour y jouer le rôle central. Même ces défis verbaux, ce refus des uns aux autres à se faire confiance, semblaient exprimer une volonté de tous de trouver en commun quelque chose, quoi, on ne le savait pas, mais une vérité en tout cas, infiniment précieuse à chacun, et qui jusque-là leur avait manqué à tous. C'était peut-être une erreur, mais il ne semblait pas à Théodore qu'aucun d'eux fût pleinement assuré de sa vérité propre, de ce qu'il avait apporté avec lui cette nuit-là au fond de lui-même pour l'offrir aux autres. Tous marqués par la vie, par des vies diverses, esclaves de ce qu'ils avaient été, cherchant l'issue naturelle, le pas suivant, la conclusion logique de leur expérience, de leurs sujétions, de leurs lassitudes, de leurs malheurs. La fin d'une longue misère.

LOUIS ARAGON, *La Semaine sainte*

PROLOGUE
Ma dernière séance

BERTEAUCOURT-LÈS-DAMES,
VENDREDI 11 DÉCEMBRE 2009
TRIOMPHES

J'ai dessiné ça, cette après-midi, pendant la vente aux enchères :

Sur mon arc de triomphe ne figurent que des défaites.

Depuis dix années, à travers la Picardie d'abord, la France ensuite, j'ai visité des usines de robinets, de pistons, de cacao, de lave-linge, de canapés, de chips, de yaourts, j'ai vu des ateliers tout neufs et déjà vides, des bâtiments immenses et laissés à l'abandon, j'ai vu des ouvriers manifester devant leur société, devant des mairies, des sièges sociaux, l'Assemblée nationale, je les ai vus organiser des meetings, des concerts de soutien, des réveillons de Noël, remplir des cars pour monter à Paris ou pour suivre leurs chaînes en Pologne, je les ai vus signer des pétitions, distribuer des tracts sur les marchés, se serrer les coudes derrière une banderole, crier dans un conseil municipal, je les ai vus porter plainte devant les prud'hommes, des tribunaux correctionnels, des cours d'appel, la Cour de cassation, être poursuivis à leur tour devant les magistrats, commander des rapports au cabinet Secafi Alpha, ou Syndex, ouvrir des livres III, fermer des livres IV, je les ai vus dénoncer leurs syndicats, former des comités de lutte, séquestrer leurs dirigeants, se menotter aux grilles de la Direction du travail, mettre à sac une sous-préfecture, placer des bonbonnes de gaz sur le toit, investir des assemblées générales d'actionnaires, interpeller leur PDG à la tribune, je les ai vus occuper leurs fabriques durant des semaines, des mois, entamer des grèves de la faim, se réunir tous les jeudis dans l'ancien local syndical, j'ai vu tous ces efforts désespérés, ces tentatives vaines, et avec toujours, au bout, la défaite.

Qu'on déguise parfois, tant bien que mal, en victoire. Parce que l'entreprise a rallongé l'enveloppe des indemnités. Parce qu'un « pôle logistique » sera préservé. Parce qu'une cellule de reclassement viendra offrir un répit. On sauve l'honneur, mais pas l'essentiel : les emplois.

Ça lasserait le plus vaillant des soldats, il me semble, tant de défaites accumulées.

Ça m'a lassé.

Le dégoût est monté lentement, comme une marée. Mais là, avec les Parisot, il s'est installé, définitif.

C'est fini, promis : je n'irai plus aux boîtes.

BERTEAUCOURT-LES-DAMES,
LUNDI 26 SEPTEMBRE 2009
L'« UNIQUE » EN SÉRIE

Je sirotais mon café, ce matin, chez les voisins, au Bistro du parc. Dehors, il crachinait doucement, un temps d'automne – une saison qui, à Amiens, dure neuf mois. Patrick, le patron, balançait ses vannes aux habitués. Sa chienne Nina, percluse de rhumatismes, ronflait gueule en avant sur le pavé. Je feuilletais *Le Courrier picard* au comptoir.

En page 3, ou 5, je ne sais plus, la Manufacture de sièges, encore, le feuilleton du moment. J'ai oublié le titre, aussi. Je me souviens bien de la photo, en revanche. Quatre ouvriers, bras dessus bras dessous, qui se serrent les coudes. Qui le montrent bien, qu'ils se serrent les coudes. Qui l'affichent tant, avec tellement d'ostentation, leur solidarité, leur force unie, qu'on devine l'inverse : la désunion, l'inquiétude, l'isolement, l'abandon, l'impuissance. Ils étaient cadrés d'assez près, eux quatre, en plan serré, assez pour qu'on n'aperçoive plus ça, justement : qu'ils ne sont plus que quatre, sur plus de trois cents licenciés. Les six mois de manifestations, d'occupations, de tractations, sans trop d'espoir au bout, ont produit leurs dégâts : le groupe a éclaté, épuisé. Les citations, évidemment, affirmaient l'inverse. Du genre : « On ne se laissera pas faire ! », « On se battra jusqu'au bout ! », avec d'énergiques points d'exclamation.

José tenait son rôle.

Je le connais pas mal, José, le syndicaliste de la boîte, un CFDT mais bien remuant. On a fait des émissions ensemble, pour *Là-bas si j'y suis*, sur la « face cachée des Parisot » – le père et les oncles de Laurence. Sous leur férule, ce chauffeur routier s'est fait virer quatre fois en quatre ans, et quatre fois réintégrer par l'Inspection du travail…

Je dois faire des courses chez Aldi, je vais pousser jusqu'à Berteaucourt-les-Dames avec un cahier, un appareil photo, au cas où. Même si, au fond, est-ce que j'y vais comme journaliste ? Ou juste comme on va à l'hôpital, au chevet d'un copain malade ?

« … les membres du G20 se contentent d'une volonté commune de mettre en place des mesures pour diminuer les déséquilibres commerciaux et les déficits budgétaires, “tout en maintenant des marchés ouverts”. Pas question, donc, de se réfugier dans un quelconque protectionnisme. »

En direct de Pittsburgh, sur mon autoradio, France Info martèle cette bonne nouvelle – tandis que ma 106 traverse le Val de Nièvre, ses villages de corons, des briques rouges le long de la rue centrale, des deux côtés.

Avec l'empire Boussac-Saint Frères, le cœur ouvrier battait, ici, au rythme des métiers à tisser. Et cet âge d'or ne remonte pas à l'Antiquité : c'est dans les années 70, même, que les effectifs ont connu leur apogée. Mais d'un coup, très vite, le textile s'est effiloché. Les usines de Flixecourt, Beauval, Saint-Ouen, Ville-le-Marclet, L'Étoile, etc., ont flanché tour à tour ; tout le tissage s'est défilé vers l'Afrique du Nord, ou plus loin encore.

Devant cet écroulement, et son cortège de misères, les élus étaient prêts à tout. Jacques Parisot, le grand-père de Laurence, a flairé la bonne affaire : lui possédait déjà une fabrique de meubles dans les Vosges, mais pourquoi pas une seconde ? Les pouvoirs publics lui ont fait un pont d'or pour qu'il s'installe ici. De l'État il reçoit 39 millions de francs, 4,7 millions de la Région, et encore 17 millions de prêts servis par Boussac – soit 60,7 millions d'aides. Contre 2,5 millions que l'entrepreneur investit de sa poche : 25 fois moins ! Les pouvoirs publics et leur « assistanat » ont parfois du bon.

C'est au tour de l'ameublement, maintenant, de fuir vers l'est…

Les yeux fermés, je pourrais le décrire, le décor.

Une enceinte avec « Votez CGT ! » peint dessus. Des banderoles accrochées aux grilles : « Patrons voyous ! Sarkozy complice ! » Un parking vide, avec des traces de pneus calcinés. Des bâches plantées pour monter la garde. Et une fois franchi le portillon, à gauche dans la cour, le bureau avec la machine à café, les tables en formica, les hautes armoires en fer, les affiches jaunies aux murs, la paperasse qui déborde de partout, et les derniers des Mohicans qui touillent, mélancoliques, leur sucrette dans des gobelets.

Même les discours, je pourrais les réciter par cœur.

Les explications qui s'enlisent dans les détails, de dette non réglée, de prix des matières premières, de repreneur qui inspire confiance, de subvention du conseil régional, les mises en cause du mandataire, des liquidateurs, du commissaire aux comptes, et les noms propres, on se perd dedans, les Benedetti, les Giordanengo, les Bernon… Un tourbillon, la tête qui tourne, endormie, soûlée.

Jusqu'à cette phrase, qui me réveille : « Ah, notre histoire, lance une brune, elle est unique ! Vous pourriez en faire un roman ! » Une phrase déjà entendue ailleurs, telle quelle, au mot près, chez Flodor, chez Cosserat, la même phrase : « Ah, notre histoire, elle est unique ! Vous pourriez en faire un roman ! » C'est la centième fois qu'elle se répète, leur histoire, millième représentation ce soir, le même spectacle qui se joue depuis trente ans, les mêmes causes qui engendrent éternellement les mêmes effets, et les premiers concernés, en plein dans la débâcle, arrivent encore à trouver ça « unique ». Comme s'ils étaient victimes d'un coup de tonnerre. D'une machination. Du ciel qui, par Toutatis, leur tomberait sur la tête. Comme s'il y avait matière à polar, avec suspense et tueur d'entreprises en série.

Il n'y a pas de suspense : la triste fin est connue d'avance.

Il n'y a pas de polar, seulement des décisions logiques.

Et ils le savent, au fond.

« Mais où est-ce qu'ils produisent, Parisot, maintenant ? je demande.

– En Roumanie. C'est même des gars de chez nous qui sont allés leur installer les machines. De toute façon, maintenant, y en a pas un qui mettra un kopeck en France ! Pas un ! On est trop chers : tout le monde se débarrasse des coutures, des tissus, ils ne gardent que l'assemblage, ici. Cauval, une entreprise de meubles comme nous, ils partent en Tunisie, Capdevielle ils licencient trois cents personnes. La Roumanie, ça leur revient à moins de 2 € de l'heure… » Etc.

Je pourrais continuer comme ça longtemps, je songe en poussant mon caddie chez Aldi. Je pourrais, rien que pour les boîtes du coin, aller « témoigner de ma solidarité » tous les quatre matins. Et alors, qu'est-ce qu'elle changerait, ma solidarité ?

À quoi elle servirait, ma compassion ?

À rien. Parce qu'ils ne pèsent rien, tous nos bons sentiments.

Rien contre la logique.

Une logique simple.

La logique d'une calculette.

La logique patronale – parce que les patrons, oui, ont la logique pour eux.

BERTEAUCOURT-LES-DAMES,
VENDREDI 11 DÉCEMBRE 2009 ÉMOTION AU KILO

Hier, donc, se déroulait la vente aux enchères.

C'était bien, ça, comme « angle ».

Original, pas encore fait, comme spectacle.

« Lot 31, c'est quoi ? Une importante fraiseuse. On va commencer à 1 000 €… 1 000 € ici… 1 200 pour Madame… 1 500 au fond, c'est vu ? Lot 147… Lot 298… »

Ça s'est répété des heures durant.

Pour me délasser, j'ai rendu visite, en face, à Gilette, une ancienne Parisot éjectée dans un plan précédent – déjà rencontrée pour *Là-bas si j'y suis*.

Son mari ouvre la porte, leur minette s'échappe entre mes jambes. Non, je ne dérange pas, ils ont déjà vu ce film d'horreur. On coupe le son, et autour de la toile cirée la conversation se meut dans des « Drôle de fin, hein ?… On n'aurait pas cru… Il va nous rester quoi, dans le coin ? »

ELLE : C'était affreux, là-dedans. Pour aller aux toilettes, il fallait lever son doigt. Pas le droit de boire un verre d'eau. Pas le droit de manger un bonbon. Pas le droit de parler. Toute la journée, la tête dans la machine. Il faisait froid, il fallait que je travaille avec des bottes et un manteau, pour coudre c'est pas évident. Le directeur, il était derrière, il nous foutait des trouilles du tonnerre : l'horreur. Le matin, avant d'y aller, j'avais les jambes qui tremblaient. Je prenais des cachets, des cachets. Pourtant, j'étais pas feignante : j'avais travaillé chez Saint Frères avant, là-bas on était respectés. J'étais pas feignante, mais j'arrivais pas à accepter le mal qu'ils nous faisaient.

LUI : Tout le monde était traumatisé, là-dedans. Tout le monde rentrait là-dedans comme des bêtes.

ELLE : Je ne dormais plus, je ne mangeais plus. J'ai même fait un troisième enfant, que maintenant je regrette parce qu'il a fallu l'élever, mais j'ai fait un troisième enfant pour dire de ne plus travailler. En revenant, j'ai fait une dépression de quinze mois, j'ai été licenciée dans un plan, mon mari aussi…

LUI : J'étais chez Peaudouce, moi. Les couches. C'est parti aussi. Vous dire où, ça, je ne saurais pas. On a fait grève, pareil qu'eux, on a protesté, mais qu'est-ce que ç'a changé ?

ELLE : On a perdu notre maison, pis après ç'a été l'enfer. L'enfer. Quand les enfants me disaient, « Le frigo il est 'core vide », eux ils ne veulent pas comprendre : fallait bien que je donne à manger à mes enfants. Je faisais un chèque, malgré que je n'avais pas d'argent. Même aujourd'hui, l'enfer continue...

(Gilette se mouche, les yeux qui se mouillent.)

ELLE : Une fois, on est allés en vacances. Une fois, cinq jours à Quend-Plage. Sinon, on a travaillé toute notre vie. Et on se retrouve avec quoi ? Rien. On n'a même plus une cuillère à café à nous. On a remboursé notre dette, mais on ne vit plus chez nous, on habite chez notre fille, notre beau-fils. C'est pas facile. On se demande pourquoi on vit. À Noël dernier, d'ailleurs... (Silence.) On a failli... (Silence.) Enfin, je lui ai parlé de nous tuer, à mon mari.

(Soupirs. Lui écrase sa gauloise dans le cendrier.)

ELLE : Contre Parisot, j'ai de la haine. J'arrive pas à les encaisser, ces gens-là : être comme ça à la télé et voir ce que les ouvriers bavent derrière. Mais pourquoi ils partent ailleurs ? Pour profiter des pauvres malheureux, qui sont payés à combien ? On ne peut pas l'empêcher, ou on ne veut pas ?

C'est émouvant, hein ? Et faut l'entendre avec sa voix, encore plus bouleversifiant. Ça remue les tripes, ou ça touche au cœur, ou bien ça se passe dans l'âme – selon les auditeurs, les sensibilités.

Parce que je vous en fournis au kilo, moi, de la Gilette : combien il vous faut de chagrin, ma p'tite dame ? La souffrance, là, je vous la découpe en tranches de trois ou de cinq minutes ? Ah, vous allez voir, vous, avec votre fibre sociale, vous allez savourer...

C'est ma spécialité, le licencié. Je vous le cuisine à la révolte, je fais revenir dans le désespoir, j'ajoute une pincée d'humour quand même, un soupçon de lutte des classes, et voilà : c'est prêt ! Un vrai cordon-bleu. Je fais carrière là-dessus, au fond. Un petit business, oh, pas juteux, mais les cachets rentrent, les affaires tournent, par les temps qui courent il ne faut pas trop se plaindre.

Toute une presse de gauche, une littérature de gauche, un théâtre de gauche prospèrent sur ce credo : « donner la voix aux sans-voix ». Notre bonne conscience qui couvre l'impuissance.

« … Lot 732… Lot 894… »

J'ai dessiné mon « arc des défaites ». Jusqu'à la sortie, à la nuit tombée, de M. Danten, le directeur de Parisot Roumanie :

« S'il vous plaît, j'aurais deux questions…

– Je vais pisser et je reviens. »

On l'accompagne au petit coin.

« Combien vous avez de sites, en Roumanie ?

– Pour les canapés, deux. Un pour le bois et un qui découpe la mousse.

– Et combien sont payés les ouvriers roumains ?

– Euh, 250 à 300 €. Que ça soit des ouvriers roumains, ou chinois, ou tunisiens, la concurrence vient de là. Pour continuer à vivre, on est obligés de confectionner dans des pays à bas coûts… »

Que répliquer, sinon qu'il a raison ?

Qu'il a la logique pour lui ?

José et ses collègues voient ça d'un œil moins philosophe : eux l'attendent à la sortie. Le bout de leurs clopes rougeoie sous la lune. Une ombre s'approche, entourée par les vigiles et leurs chiens. Le voilà.

« C'est bon, Patrick, t'as fait des achats ? le hèle José, bien familier. Ton beau-père, il se retournerait dans sa tombe, s'il voyait ça. » L'autre se défile, sans répliquer. « Il se barre tête baissée, commente José. Je le connais, son beau-père : j'ai travaillé sept ans dans sa ferme. Et lui, j'étais à son mariage, à la communion de ses gosses, aux baptêmes, c'est des gens catholiques, en plus. On est sortis ensemble, en boîte et tout, j'avais 20 ans, il avait mon âge. J'aurais même pu fréquenter sa femme avant qu'il ne la connaisse… »

Deux copains, presque, dont les chemins se sont séparés. Opposés.

La voiture du directeur démarre : « Bâtard ! » lance José.

« Elle était jolie, sa femme ? je le sonde.

– Oui.

– Pas de regrets ?

– Non, pas de regrets ! qu'il rigole. C'est dommage, parce que c'est un fils d'ouvrier. On ne pouvait pas le mettre, lui, comme cadre ici : il aurait eu trop d'états d'âme. Il avait déjà un passé ici, il a travaillé quinze ans, alors ils ont mis quelqu'un d'extérieur. Et lui, ils l'ont envoyé en Roumanie, au loin, pour qu'il fasse le sale boulot là-bas. »

Avec la fatigue, je me sens gagné par l'indifférence – comme un haussement d'épaules intérieur : « Patrick » ou un autre… les Parisot ou d'autres… pour la Roumanie ou ailleurs… quelle importance ? Au-dessus de nos têtes, au fond de la cour, est inscrit à la peinture blanche « Harondelle 1870 », date de naissance du site. On pourrait ajouter « – 2009 », comme sur les pierres tombales. Et j'en ai marre, alors, en cet instant, marre de porter des chrysanthèmes, de participer aux cortèges funèbres. Avec les élus locaux, au premier rang, qui se proclament « attristés »,

« choqués », « scandalisés ». Parmi les militants (du POI aujourd'hui, le Parti ouvrier international) en virée sur place, qui vendent leur canard à l'entrée, qui appellent en vain à la « grève générale », comme si le moribond allait soudain courir un marathon. Aux côtés des journalistes de la presse régionale, qui officient avec la même bienveillance onctueuse que moi et quêtent les mêmes larmoiements que moi : « Ça doit être dur, hein, pour vous, après tant d'années ? » Avec les sociologues de l'université de Picardie Jules-Verne, qui font de la Manufacture leur « terrain » et affichent une attention peinée. Jusqu'au « vidéaste engagé » qui enregistre tout « pour garder une trace du conflit »… Toute cette « solidarité » inutile, dérisoire, gaspillée.

Les pieds dans une flaque d'eau, José se réconforte, réconforte les copains. « On va le gagner, le procès contre Parisot. Rendez-vous samedi, 14 heures, à la salle Saint-Joseph, à Flixecourt. L'avocat sera là. » Le combat continue…

Ces combats-là, je n'en serai plus.

SITE DU MEDEF,
DIMANCHE 13 DÉCEMBRE 2009
LEUR GRANDE PEUR

Pourquoi je raccroche les gants ?

Vous savez, c'est comme de regarder des vieilles archives en noir et blanc, de la propagande nazie, en fait, ces images muettes où la cavalerie polonaise charge, avec ses lances, les tanks allemands. Quel courage, n'est-ce pas ? Quelle bravoure ! Il y a une esthétique, dans cette bataille. M'enfin, d'avance, vous savez que c'est perdu, que les cavaliers et leurs chevaux seront bientôt écrasés, explosés, sanguinolents. Si, le lendemain, les Polacks rempilent avec la même tactique, déjà le romantisme s'étiole et vous pensez : « Oh, ils ont un grain ou quoi ? » Et si, le surlendemain, ils offrent encore leur poitrine nue aux mitraillettes, là l'héroïsme tourne à la bêtise.

Ça fait vingt ans, maintenant, au moins, que le patronat use de la même arme. Leur tank à eux, c'est le libre-échange. Les PMO – pays à bas coût de main-d'œuvre – comme armée de réserve. Le dumping social, fiscal, environnemental comme victoire quotidienne. Et face à ça, nos généraux – syndicalistes, politiques, économistes – ont inventé quelle stratégie ? Quelle armure, pour nous protéger ? Quel arsenal, pour reconquérir du terrain ? Rien. Des protestations, aussi rageuses que vaines.

Je ne veux plus participer à cette comédie. Perdre mon temps à courir des Molex aux Cater, de déboires en revers. Mieux vaudrait, à la place, que je propose un début de stratégie. Parce que j'ai ça dans mes cartons : une solution. Ou, du moins, une esquisse, une ébauche.

C'est quoi, leur grande trouille ? Leur peur bleue ?

Il suffit de parcourir le site du MEDEF.

Le 17 octobre 2008, « d'une manière tout à fait exceptionnelle, Laurence Parisot a pris l'initiative d'organiser, à Paris, une réunion des patronats des principaux pays membres du G8 ». Et pour déclarer quoi ? Que « nous attendons aujourd'hui des responsables politiques et institutionnels [...] qu'ils écartent toute mesure protectionniste. [...] Nous sommes convaincus que nos économies retrouveront le chemin de la croissance à condition que les pays écartent les mesures protectionnistes ».

Deux mois plus tard, le 3 décembre, rebelote : Ernest-Antoine Seillière, le président de BusinessEurope, et ses copains américains, canadiens, japonais, repoussaient ce spectre par un « refus commun de toute forme de protectionnisme ». « Vivement l'avenir ! », ils intitulaient ça, à condition que l'avenir ressemble au présent…

Préparant le G20 à Londres, quel est le « premier point » qu'aborde Laurence Parisot, en mars 2009, lors de sa conférence de presse ? Ce « qui nous semble tout à fait essentiel est de dire clairement et le plus précisément possible à quel point il faut résister à toutes les tentations protectionnistes ». Le sommet n'est pas encore achevé, le 2 avril, que déjà elle respire : « L'appel à lutter formellement contre les tentations protectionnistes est fondamental pour nos économies mais aussi nos démocraties. » Car taxer les importations, c'est bien connu, voilà le prélude au fascisme…

Deux semaines s'écoulent, et elle revient encore, avec soulagement, sur « l'importance décisive de l'appel des chefs d'État du G20 au sommet du 2 avril à Londres à lutter contre le protectionnisme. […] La conjugaison d'une régulation internationale fiable, d'une économie de marché dans un monde ouvert et de la confiance, constitue le tiercé gagnant de la future reprise économique ». Ah, les charmes du monde « ouvert », moins ouvert néanmoins pour le réfugié économique du Sud que pour les produits du Nord…

Voilà leur talon d'Achille.

Contre leur libre-échange, des barrières douanières.

Des taxes aux frontières.

Des quotas d'importation.

La grosse artillerie.

C'est notre dernière arme, j'ai l'impression.

Les seules batteries qui les feront reculer.

J'ai cru au reste. Ou j'ai voulu y croire. Qu'il y aurait des trucs plus sympas pour les arrêter : la consommation citoyenne, les rendez-vous altermondialistes, la concertation internationale, des luttes partout dans le monde, l'autodestruction du capitalisme, etc.

J'ai perdu ces illusions. Tant que leurs capitaux, leurs marchandises se baladeront tranquillement sur le globe, nous serons à genoux devant eux. À les supplier de rester : « D'accord, nous ne relèverons pas le SMIC… D'accord, vous pouvez rejeter votre CO_2 dans l'atmosphère… D'accord, nous éliminons la taxe professionnelle… Mais ne partez pas ! » Ils disposeront toujours de ce chantage.

C'est simple à comprendre, trop simpliste sans doute.

Trop évident.

Une évidence populaire (« populiste », ils préfèrent dire), le bon sens qui suggère ça. Et le plus difficile à comprendre, au fond, c'est la résistance des élites à cette évidence – celle de la droite libérale, certes, mais à gauche également, et jusqu'à l'extrême gauche.

Jusqu'à moi, longtemps.

« Protectionnisme » : je n'osais pas prononcer ce mot.

Pourquoi ?

Je ne vais pas me livrer à une introspection, mais juste quelques repères, ici, dans une « autobiographie économico-politique » – qui en dit plus long, finalement, sur l'époque que sur moi, sur ce libre-échangisme qui se respirait avec l'air du temps.

Si je remonte assez loin, en 1992, par une vague générosité europhile (la fraternité entre les peuples, la fin des guerres sur le continent, etc.), trop jeune pour voter, j'ai incité ma mère, qui hésitait, à glisser dans l'urne un bulletin « oui » au traité de Maastricht. L'année suivante j'étais inscrit en prépa HEC, où les vertus du libre-échange nous étaient enseignées comme des axiomes (et j'ai sans doute rendu plusieurs dissertations à ce sujet, sans enthousiasme néanmoins). Alors que je bifurquais vers la fac de lettres, ce débat – jamais vif – s'est encore éloigné de mon horizon, et ne me parvenait qu'un bruit de fond : les « délocalisations » n'étaient qu'un prix temporaire, et modique, à payer pour une « mondialisation » forcément « heureuse » (cependant, par répulsion, par instinct, un sentiment « antimondialiste » mal défini s'est sans doute éveillé, tant j'abhorrais ces journalistes de cour). Dans un autre registre, en 1998, le dimanche où la France remportait la finale de la Coupe du monde de football, je passais la nuit coincé à la frontière biélorusse, et le lundi aussi, près de 36 heures au total, les bagages fouillés, les visas scrutés, parce que le chauffeur du car refusait de payer son bakchich (et l'été d'avant, maintenant que j'y pense, c'est à la frontière polonaise que j'étais refoulé pour un passeport périmé depuis un jour) : nul traumatisme, mais pas de quoi susciter une flamme pour les douaniers. J'ai traversé ces années comme dans un brouillard, comme si ce monde ne m'appartenait pas, sans m'engager, donc, toutefois à l'écoute des militants : la lutte contre le « F Haine » faisait rage, accompagnée d'odes à la « diversité », au « multiculturalisme », à la « liberté de circulation », que, inconsciemment, je faisais largement miennes. De loin, je suivais également la naissance d'ATTAC (peut-être ai-je même, lors d'une réunion, réglé une cotisation), et autant leurs combats défensifs contre l'AMI, l'OMC, etc., me paraissaient judicieux, autant je voyais mal comment les gentils Forums sociaux mondiaux nous feraient passer à l'offensive. Mais j'y songeais à peine, habité par la certitude de n'avoir aucune prise sur la course du pays, aucun moyen d'action, aucune influence sur les événements (d'ailleurs, rien n'advenait, la vie publique était plus soporifique qu'un épisode de l'inspecteur Derrick). Je lisais l'intégrale de Dostoïevski, mais pas grand-chose de Bernard Cassen. J'étudiais l'usage des guillemets chez Roland Barthes, jamais le futur élargissement européen.

Puis la larve a fait sa mue.

J'ai lancé *Fakir*.

Là, très vite, dès les premiers plans sociaux (et, à Amiens, nous étions servis...), une intuition « protectionniste » s'est fait jour. Plus les usines partaient, plus cette idée impure me gagnait. Mais je me suis tu, un septennat de silence. Par modestie, d'abord – comment prétendre, seul ou presque, détenir la solution, ou même un bout ? Par lâcheté, ensuite, pour ne pas me brouiller avec des copains, me faire traiter de « nationaliste », de « rétrograde », de « poujadiste » faisant « le jeu de Le Pen », etc.

Mais seul, justement, je ne le suis plus. D'autres, encore rares, mais des intellectuels, des économistes, des politiques, ont fait leur « coming out ». Et, surtout, dans mes reportages, dans les usines, les unions locales CGT, je sens comme un grouillement, comme une pression qui monte, comme une exigence venue d'en bas, de la base : que le combat contre le libre-échange devienne frontal, direct, sans chichis.

J'avancerai à découvert maintenant.

Je brandirai ce mot comme un glaive – ou plutôt, vous savez, comme un crucifix, comme une gousse d'ail dans les films de vampires, rien que d'y penser ils tremblent : « protectionnisme ». Un protectionnisme non pas rampant, déguisé, égoïste, mais au contraire affiché, le front haut, généreux. Un protectionnisme qui se fixe de vastes buts : pas seulement défendre l'industrie, mais surtout rendre le progrès – social, écologique, fiscal – à nouveau possible. Un protectionnisme qui montre ses muscles, « quotas d'importation », « taxes aux frontières », « barrières douanières ». Un protectionnisme qui désigne ses adversaires : non pas la Chine (ou la Roumanie, ou la Tunisie, etc.), mais nos multinationales qui en passent par la Chine (ou la Roumanie, ou la Tunisie, etc.), instrument efficace dans la lutte contre ces prédateurs. Un protectionnisme qui ne constitue pas, en soi, pour moi, un projet politique, mais qui se révèle, je crois, pour qui vise plus loin, pour qui vise le partage des richesses, ou la décroissance, ou l'autogestion, ou la société sans classes, ou la planification écologique, ou l'égalité réelle, ou tout ça, qui se révèle une étape nécessaire, incontournable, sur ce long chemin. Un passage obligé pour la reprise en main de nos destins.

CHEZ MA MÈRE (AMIENS),
JEUDI 17 JUIN 2010
LE MOULIN DISCIPLINAIRE

Je suis venu travailler chez ma mère, aujourd'hui.

Au déjeuner, elle a deviné :

« Tu vas écrire un livre ?

– Oui.
– Sur quoi ?
– Sur le protectionnisme.
– …
– …
– Mais François, un jour, tu ne veux pas faire un livre qui se vende ? »

On a bien rigolé avec mes futurs droits d'auteur…

Sinon, je peine.

Je n'écrirai pas le bouquin dont je rêve, un traité implacable, tout sur le protectionnisme, son histoire, les données chiffrées, des chapitres de sociologie, etc. Je n'ai pas trois ans devant moi, avec une bourse d'études payée par la faculté. Juste l'été. Pourri, en plus. Je veux dire, toute l'année je gambade de reportages en débats, j'anime mon canard, et quand arrivent les vacances, quand je me pose enfin pour réfléchir, paf, un procès qui me tombe dessus.

Deux, même.

Y a mieux pour la tranquillité d'esprit, pour une sereine inspiration.

Tant pis.

À la place d'une somme encyclopédique, je vais mettre de l'ordre dans mes notes, dans mes vieux carnets, raconter mon chemin au jour le jour, fait de rencontres, de lectures, de réflexions, de déceptions. Peut-être que ça m'arrange, aussi, au fond, ce côté brouillon : j'en croise parfois, à la fin de mes débats, des champions de la marotte, les monnaies libres pour l'un, la Constituante pour l'autre, les tirages au sort pour un troisième, qui vous déballent ça non pas comme des outils, pourquoi pas, mais comme la Solution miracle, la pierre angulaire, le package du tout-ira-mieux – et le monde entier, ce salaud, qui ignore leur géniale trouvaille. « Punaise, je me dis, pourvu que je ne finisse pas en illuminé radoteur ! » Alors, plutôt que de vous présenter un système inébranlable, je préfère que vous cheminiez à mes côtés, que vous entriez dans les cuisines de mon boulot, de mes raisonnements, de mes idées en marche, que vous suiviez ce parcours intellectuel d'un petit reporter, guère amoureux des douaniers, des frontières, des taxes, des barrières, et pourtant conduit à cette conviction : hors des barrières douanières, point de salut. Sans taxes aux frontières, la plongée vers le bas continue.

C'est la seule issue que j'aperçoive.

Je vais prendre une image, tiens.

C'est comme si nous étions des hamsters enfermés dans une cage et condamnés à faire tourner la roue, à pédaler encore plus vite, toujours plus vite, parce que le hamster allemand, le hamster roumain, le hamster chinois pédalent bien plus vite que nous – ou pour moins cher. Dans cette course mortifère, « compétitivité », « parts de marché », « concurrence internationale » imposent leur discipline : le « travail » est réduit à un coût – qu'il faut sans cesse baisser. La Sécurité sociale, les retraites décentes, le salaire minimum deviennent des boulets qui nous ralentissent. Les normes environnementales sont des « entraves » pour nos entreprises.

La politique n'a plus cours, ici.

Il n'y a plus de choix : juste pédaler.

Nos acquis, déjà, constituent un fardeau, mais des droits en plus, vous imaginez un peu le suicide ? Comment exiger des normes écologiques plus élevées ? Ou de nouvelles conquêtes sociales ? Ou une meilleure justice fiscale ? Ce serait nous pénaliser, saboter notre économie, accroître les importations. La vertu est interdite.

Nous sommes paralysés par leur chantage.

Comme un couvercle qu'ils ont posé sur nos aspirations.

Alors, mon protectionnisme n'a rien d'un idéal. Juste une arme, un outil. Pour desserrer l'étau, sortir de ce moulin disciplinaire, restaurer une marge de manœuvre. Et nous redonner la liberté de nous choisir, ensemble, une destinée.

C'est le premier verrou à faire sauter. Ensuite, sortis de la cage, nous verrons bien.

Première partie

ATTAQUES DU LIBRE-ÉCHANGE

Que les pauvres aient le sentiment de leur impuissance, voilà une condition première de la paix sociale.

MAURICE BARRÈS

1

LOGIQUE
LES PATRONS ONT RAISON ?

COSSERAT (AMIENS), JEUDI 29 MAI 2008
LES PANTALONS DE « L'ALLEMAND »

« Ponchour. Suivez-moi, je vous prie. »

C'est un jeune homme très courtois, M. Crieege fils, avec des petites lunettes rondes, un français à la syntaxe impeccable, un accent alsacien à peine, on le croirait sorti d'un roman de Goethe. Ce jeune homme très courtois va pourtant fermer la dernière velveterie d'Amiens.

Dans le bâtiment d'en face, la pointeuse est à l'arrêt, déjà. À la fenêtre pend un drapeau tricolore – souvenir de la Coupe du monde de 1998. À l'intérieur, des ouvriers français, que je viens de croiser, égrènent leurs récriminations :

« Ils s'en foutent de nous, on n'a qu'à crever !

– Un mois qu'on réclame une table ronde au préfet, à la Région… Et y a rien qui vient.

– Ah si, pour le patrimoine, là, ils se déplacent… Mais quoi, les pierres, ça les intéresse plus que les hommes ?

– Ils viennent prendre des photos ! C'est pas un zoo, ici !

– On est 'core là, et ils passent au milieu de nous comme si qu'on n'existait plus !

– Ils parlent plus avec le patron qu'avec nous… Ils invitent l'Allemand dans leur bureau pendant deux heures… Et ça se dit socialiste ! »

Dans la seconde bâtisse, donc, maintenant, « l'Allemand ».

« Si vous voulez pien vous asseoir.

– Quand vous avez racheté Cosserat, j'attaque d'emblée, y a quatre ans, vous avez promis de conserver les 120 postes. Vous avez même reçu des exonérations de charges pour ça. Deux ans après, pourtant, vous avez déménagé les machines, licencié la moitié du personnel, exporté le savoir-faire… »

D'un tiroir, il sort une feuille avec un petit tableau dessus :

« En 2004, la Chine exportait 50 000 pantalons vers l'Europe. En 2007, c'est 450 millions. 9 000 fois plus. L'Union européenne a pris cette décision : "On va sacrifier le textile, et en échange on enverra des avions et des voitures." Sauf que, maintenant, on voit qu'Airbus commence à produire là-bas…

– Mais alors vous, je le taquine, votre famille, avec vos usines dans le textile, vous êtes aussi une classe sur le déclin ?

– Non, ne vous en faites pas : on ira produire ailleurs. Et puis, j'ai voyagé aux États-Unis, en Asie. J'ai des idées pour investir. Mais il faut que je termine ici, d'abord. »

Il a dit ça : « terminer d'abord ». Ça fait propre. Mission accomplie. Comme un dossier à refermer. Juste des formalités. Mais ça veut dire les virer, ceux d'en face. Ajouter leurs noms aux « 25 000 emplois perdus en France entre 2000 et 2005 dans le secteur textile » (*Les Échos*, 30 avril 2008).

« Rekardez. »

Il m'indique une autre ligne de son tableau.

« Le velours fabriqué en Chine, c'est 2 € le mètre. Nous, c'est 5 €. Même le Maghreb ne tient plus. Mais nous allons tout de même garder un pôle logistique d'une dizaine d'employés.

– Pour coller des étiquettes "Made in France" ? »

Lui ne répond pas.

J'aime bien ces incursions chez les patrons. Y a pas de sentimentalisme, pas d'illusions lyriques, juste des chiffres, des faits, de la logique. Leurs intérêts se révèlent à nu. Leur stratégie sous une lumière crue.

La première fois que mon regard s'est renversé, comme ça, c'était chez Whirlpool. Pour les lave-linge. Jamais je n'avais fait d'économie, et d'un coup, là, c'est comme si je découvrais, de tout près, sur un cas concret, la mondialisation. Comme si j'apercevais la carcasse du moteur.

WHIRLPOOL (AMIENS), DIMANCHE 14 AVRIL 2002
LE MARCHÉ DU LAVE-LINGE « TOP »

Y avait une conférence de presse, avant-hier, chez Whirlpool, route d'Abbeville.

On était enfermés dans une pièce obscure, et les syndicalistes faisaient tous de grandes déclarations, comme quoi c'était « inadmissible », « inacceptable », avec des histoires de « Livre IV », de « comité d'établissement », « d'hygiène et de sécurité », de « reclassements »…

J'opinais, moi, comme les confrères. Je prenais des notes sagement. Je relisais *Picardie-La Gazette*, l'hebdo économique, un « coup de tonnerre sur l'emploi » barrait sa une, une fatalité tombée d'un ciel qui « s'acharne sur la région », un « sort malheureux », presque un « sortilège » – bref, un « projet injustifié », comme le dénonçait l'intersyndicale ce vendredi. J'avais l'impression d'assister à une séance de vaudou. À la fin, dans un coin, discrètement, un peu honteux, j'ai demandé à un délégué :

« Mais, au fond, pourquoi les lave-linge partent en Slovaquie ?

– Tu veux vraiment savoir ? Alors je vais te remettre une copie du rapport Secafi Alpha.

– Qui ça ?

– C'est un cabinet d'experts, ils ont analysé le marché. Tu ne diras pas que c'est moi qui te l'ai donné : normalement, c'est confidentiel. Et tu le ramènes la semaine prochaine. »

J'ai épluché ça, ce week-end.

C'est un gros dossier, plein de chiffres, de graphiques, mais vraiment très instructif. L'impression m'est venue, au fil de ma lecture, de comprendre la mondialisation, presque de l'intérieur. Je me suis mis à leur place.

Alors voilà :

L'Europe de l'Ouest a fait le plein de machines à laver. Plus de neuf ménages sur dix en sont équipés, et les autres passent au Lavomatic. Ajoutez que personne ne s'en paie deux – une dans la cuisine, une dans le salon pour mater le programme d'essorage –, qu'on ne se précipite pas chez Darty pour frimer avec le dernier modèle à hublot plat, coins carrés, et vous obtenez (en *corporate language*) : « Le marché arrive à saturation. » Quant au lave-linge « top » (à chargement par le dessus), fabriqué à Amiens, c'est pire : il recule au profit du « frontal ». Plus « branché », il paraît. Un peu moins « mère Denis ».

« À l'Est, en revanche, compare Raphaël Delrue, porte-parole de Whirlpool Amiens, c'est un produit en pleine expansion. En déplaçant notre production vers l'Europe centrale, on se rapproche de nos marchés. » Délocaliser ne semble, dès lors, que justice : puisque ce sont les Tchèques, les Polonais, les Bulgares qui achètent, comment s'étonner qu'ils héritent aussi des emplois ?

Certes. Sauf que, aujourd'hui, 70 % des lave-linge fabriqués à Amiens (plutôt du haut de gamme) sont vendus en France. Et les 30 % restants, au Bénélux, en Allemagne, en Italie, etc. Désertant pour la Slovaquie, la multinationale s'éloigne de ces marchés plus qu'elle ne s'en « rapproche ».

Une autre variable joue, en fait : le lave-linge, surtout le « top », évolue peu. Guère de progrès en matière de capacité de lavage, d'ergonomie, au niveau du tambour avec trois têtes de lecture, etc. Du coup, la concurrence s'avive et les prix baissent (de 1 % par an). Pour maintenir (ou augmenter…) ses bénéfices, une seule solution : diminuer les coûts.

Première cible, donc : la « masse salariale ». Et là, les ouvriers picards « manquent de compétitivité » : eux s'engraissent avec leurs 1 000 € par mois, tandis que les travailleurs slovaques acceptent, d'après les documents, des « salaires dix fois moins élevés »… Sans compter les cotisations maladie payées directement par l'État. Au final, en France, la main-d'œuvre représente 12 % de la valeur d'un lave-linge. Contre 2 % en Slovaquie. C'est toujours ça d'épargné.

Mais l'essentiel réside ailleurs : dans l'achat des pièces, principale ligne de dépenses (66 % des frais). Or, là encore, le site d'Amiens essuie un blâme du vice-PDG. Pour « manque d'études hors de son périmètre ». En clair, l'usine picarde se fournirait trop en Europe de l'Ouest (46 % en France, 15 % en Allemagne, 29 % en Italie). Dans des pays peu « compétitifs »... À l'inverse, en Slovaquie, les fournisseurs locaux « vont permettre d'obtenir les gains exigés ». Près de 74 % des matériaux seront achetés à l'Est, c'est-à-dire bien moins cher.

Ce « transfert » promet donc des profits « consolidés » pour les actionnaires : « Objectif de rentabilité : 6,3 %. » Un taux conforme aux standards US – contre 4 % ici, sur un marché « plus atomisé », « plus segmenté ». Mais Whirlpool vise, justement – le document en témoigne –, à unifier l'Europe de l'électroménager de l'Atlantique à l'Oural : « Pour toute l'Amérique du Nord (États-Unis + Canada), Whirlpool n'a qu'une seule usine de machines à laver. Qui en débite 3 millions. La volonté est d'atteindre le même résultat ici. »

Après cette lecture, leur décision de supprimer 369 emplois en France pour les installer en Slovaquie ne me paraît plus du tout « injustifiée ». Nul « scandale » dans cette délocalisation : au contraire, c'est pleinement logique.

BIBLIOTHÈQUE MUNICIPALE (AMIENS),
LUNDI 15 AVRIL 2002
COCORICO

Dans la foulée, à la bibliothèque municipale, j'ai sorti des archives la chemise « Whirlpool ».

Un épisode, notamment, m'a intéressé.

« Cocorico ! » Il y a dix ans à peine, *Le Courrier picard* jubilait : « Enfin une bonne nouvelle pour Amiens… L'usine décroche une formidable extension… 300 nouveaux emplois à la clé en cinq ans… » (8 octobre 1992). C'est qu'à l'automne 1992 la multinationale décidait d'installer une ligne de sèche-linge à Amiens. Qui s'ajoutait à celle de lave-linge. « C'est la preuve par 300 que nous ne sommes pas plus c… qu'ailleurs », s'enthousiasmait Gilles de Robien. Et le maire de poursuivre : « On peut supporter un challenge avec l'Allemagne et l'Italie, malgré une concurrence acharnée. » Ah, Dieu que la guerre économique est jolie !

Qui, derrière ce lyrisme exalté, reconnaîtrait une sombre délocalisation ? Tel était bien le cas, pourtant. Une évidence que refusèrent d'énoncer (et encore plus de dénoncer) nos élus (qui s'enflammaient pour ce « challenge »), nos journalistes (qui pavoisaient à propos de cette « victoire ») et même nos syndicats (qui parlaient de « création d'emplois »). Égoïstement, on se masquait la vérité : outre-Rhin, Whirlpool « réduisait ses effectifs », notamment dans l'usine de Schorndorf, près de Stuttgart, qui fabriquait alors 250 000 sèche-linge. Une « activité progressivement transférée vers Amiens » (*Les Échos*, 12 janvier 1994).

Face à cette « concurrence acharnée », quels arguments avaient donc pesé en notre faveur ? Le « savoir-faire picard » ? La « qualité humaine » ? La « compétence du directeur » ? C'est la version qu'offraient nos notables dans les médias régionaux. Dans la presse économique, pourtant, le choix d'Amiens paraissait moins sentimental. S'adressant à ses « actionnaires », le président de Whirlpool France, Alain Grimm-Hecker, s'en ouvrait franchement : d'abord, « quelques aides publiques », de 2,5 millions d'euros, l'avaient appâté. Rien de décisif, juste de quoi contrer les prêts à taux zéro italiens et les subventions des Länder allemands.

Plus important : une « main-d'œuvre 20 % moins chère ici qu'en Allemagne ». Au passage, les employés amiénois ont, depuis, largement démontré leur frugalité : un gel des salaires en 1996, une hausse de 1,6 % en 1997, une courbe qui épouse mollement celle de l'inflation.

Enfin, dernier atout dans notre manche, primordial celui-là : la « législation française » permet « davantage de flexibilité » (*La Tribune*, 9 octobre 1992). Car le sèche-linge réclame pas mal de « souplesse » : « C'est un produit de saison, note Raphaël Delrue, porte-parole de l'entreprise. Personne n'en achète l'été. On fournit 50 % de nos machines entre septembre et décembre. » Pour minimiser ses coûts, pour se prémunir contre les invendus, Whirlpool travaille en « juste à temps » : « Notre leitmotiv, c'est "rester en phase avec la demande". Sinon, ça voudrait dire créer des stocks énormes, des magasins énormes, avec des risques d'obsolescence. »

Côté personnel, y a pas de secret : pour produire sept fois plus en novembre qu'en mai, le DRH recourt à l'intérim. Massivement. Jusqu'à 40 % des effectifs. Un vivier de 300 à 400 précaires dans lequel la firme puise au gré de ses besoins.

Contre Stuttgart, Amiens avait joué la carte du moins-disant social. Voilà la capitale picarde battue par Poprad sur son propre terrain. Comment dénoncer, maintenant, une « période d'essai » qui, en Slovaquie, dure trois années, alors qu'on a aligné, ici, les contrats d'intérim ? Comment crier au « dumping salarial » alors qu'on s'est servi de notre « modération » comme argument ?

La « défaite » d'aujourd'hui révèle l'absurdité de la « victoire » d'hier. Dans ces batailles entre pays pour « arracher des emplois » au voisin, les employés européens ne gagnent rien, perdent même beaucoup. Sur l'autre plateau de la balance, en revanche, la rentabilité s'élève à 6,3 %…

WHIRLPOOL (AMIENS), MARDI 16 AVRIL 2002
COMMERCE ÉQUITABLE

Je rapporte le dossier à l'usine. Et je discute avec les délégués CGC, les cadres. Je leur rappelle la délocalisation de 1992, vers Amiens :

« Oui, c'est vrai, admet Cécile Delpirou. On est un peu punis par où on a péché.

– Mais, je demande, est-ce que vous avez des nouvelles de Schorndorf, ou de Naples, via vos syndicats ?

– Par la bande. Des bruits de chiottes, des rumeurs, mais jamais on ne se voit. »

On mesure là, concrètement, l'avance prise par les dirigeants sur leurs salariés : les uns décident d'une stratégie mondiale depuis les USA. Puis l'appliquent, pour l'Europe, à partir de leur « division lavage », basée à Comerio (Italie). Tandis que les syndicats (d'un même groupe…), eux, s'ignorent. Ne se sont jamais rencontrés. Bataillent chacun dans son coin. Pour son coin. Voire contre les autres coins. Bref, se divisent pour mieux laisser régner le PDG…

« J'étais à la réderie, poursuit Pierre-Yves Dorez, et on distribuait des tracts sur la mondialisation. Ça m'a mis mal à l'aise, parce que les passants répétaient : "Ah bah, heureusement que Jean-Marie est là." Ou alors : "Je sais pour qui je vais voter dimanche." Et même un qui me disait : "Moi, je viens de Seine-Maritime, depuis deux ans je suis au chômage. Alors on va essayer l'autre !" »

On verra bien le résultat ce 21 avril. Mais ça confirme une chose, pour lui comme pour moi : le combat contre le FN se mène moins sur le terrain moral que sur le terrain social. Avec une politique qui enraie la désespérance.

« Et qu'est-ce que vous envisagez, vous, comme solutions ?

– Nous, on espère beaucoup dans le commerce équitable, m'a confié Pierre-Yves Dorez. Vous connaissez Max Havelaar et le café Méo ?

– Y a un r'tour, aussi, à l'agriculture bio, l'appuie Cécile Delpirou.

– Regardez la campagne contre les ballons du Mondial, reprend Pierre-Yves, des ballons confectionnés par des gamins afghans ou des prisonniers chinois.

– Demain, l'éthique peut devenir un critère d'achat, prophétise Cécile. Les gens mettront bien 300 F de plus pour un lave-linge fabriqué dans leur pays. »

Ça m'a navré, comme réponse.

Un tel manque de lucidité.

Autant, d'après moi, mettre un cautère sur une fracture sociale : sitôt franchi le seuil d'une supérette, le citoyen s'évanouit. On réagit avec notre portemonnaie. On remplit nos chariots de marques tambourinées à la télé. Aucun « civisme des consommateurs » n'a imposé la Sécu. Ou la retraite à 60 ans. Ou la fin du travail des enfants. Il a fallu des lois.

Quel désarroi ! En face, leur logique avance comme un tank. Et que lui oppose-t-on ? De bonnes intentions naïves.

OFFICE DU PISTON FRANÇAIS (PONT-DE-METZ),
SAMEDI 27 SEPTEMBRE 2003
LA BOÎTE QUI GAGNE

Ma mère me le répète souvent : « François, tu ne positives pas assez. »

Elle a raison. C'est donc pour po-si-ti-ver que j'ai rencontré Laurent Bernard, le président de l'UIMM (syndicat des patrons de la métallurgie) dans la Somme, numéro deux du MEDEF dans le département et directeur d'OPF, à Pont-de-Metz. Une boîte qui gagne. Récompensée pour sa qualité. Championne des exportations (y a des certificats encadrés dans la salle d'attente).

On allait m'expliquer, enfin, pourquoi l'Europe, et son élargissement, et la mondialisation, c'est « magnifique ». « Formidable ». Je prendrais des notes et je me convertirais aux vertus du libre-échange.

Je m'assieds dans le fauteuil en face du PDG, goûte mon café long sucré et mordille la viennoiserie offerte par la maison. « Vous pourriez mettre en titre : "France, ton industrie fout le camp". » Mon stylo s'immobilise en l'air : mince, ça démarre mal côté enthousiasme. « C'est simple, écoutez. (Il sort un petit papier.) Le salaire horaire, en 2000, pour l'Europe des Quinze, c'est de 22,70 €. En France, on est juste au-dessus, à 24,39. Mais pour les pays qui vont adhérer, c'est 4,21 €. Six fois moins. Comment voulez-vous lutter ? Et en Chine on arrive à 0,46 €. Un rapport de 1 à 50.

Alors, dans ces conditions, qu'est-ce que vous faites ? Qu'est-ce que je fais ? »

Pour moi, c'est une question théorique. Juste un exercice. Lui se la pose vraiment : « Cotés en Bourse, on aurait évacué ces doutes depuis longtemps » – et délocalisé (ou fermé) l'entreprise. Mais, avec 75 salariés, celle-ci n'a pas atteint la « taille critique ». Alors, « comment survivre ? »

Tracassé, il tourne dans son bureau. Tire des papiers de ses tiroirs.

Une revue de presse patronale – au langage clair et cru : « Faut-il aller à l'Est ? » Au rayon des « avantages », « vous y trouverez une main-d'œuvre jusqu'à dix fois moins chère », « des compétences techniques », « une proximité géographique », bref, « une base attractive pour la sous-traitance industrielle ». *Le Monde* conseille, lui, de partir encore plus loin vers l'Orient : « La métallurgie ne résiste pas à la concurrence chinoise. Même les coûts de revient de l'Europe de l'Est ne sont plus compétitifs. » Côté presse anglaise, c'est Black & Decker qui déserte le Royaume-Uni pour la Tchéquie (950 emplois).

Dans ce tas de malheurs passés et de désastres à venir, seul un gars résiste. Cravate et lunettes, Hervé Goulletquer sourit sur la photo. Il exerce comme chef économiste au Crédit Lyonnais. Lui l'affirme : il faut « saisir l'opportunité [...] pour produire le moins cher possible. Mais il faudra en même temps accepter les risques inhérents, notamment la réorganisation de la production et la réduction des coûts ». C'est naturel. Ça l'amuse, même, on dirait, les risques.

Ça amuse moins mon interlocuteur. Lui a perdu X % de son chiffre d'affaires depuis un an. C'est beaucoup – mais confidentiel, chut ! « Je prends des commandes qui ne rapportent rien. J'opte pour une stratégie d'occupation de mon personnel. »

Il passe en revue ses amis : l'un fabrique des chariots de golf et des brouettes électriques – « tout vient de Chine, tout, les tubes, les batteries, le chargeur ». L'autre, Stéphane Decayeux, maintient un site de coffres-forts ici, mais a ouvert une usine de boîte à lettres là-bas, et s'interroge lui-même, stupéfait : « Comment c'est possible de produire à ce tarif-là ? Je ne comprends pas. »

« Systématiquement, d'une année sur l'autre, il faut qu'on baisse nos prix. D'au moins 3 %, sinon notre client part ailleurs. C'est devenu une pratique courante, presque implicite dans le contrat. » Seule solution pour rester dans la course : s'approvisionner à l'Est. Pour les fonderies et autres fournisseurs, OPF consulte désormais en Pologne, en Tchéquie, en Slovaquie : « Les chemises de moteur achetées en Turquie, elles coûtent moins cher que la matière première en France… »

Surtout, Laurent Bernard se rabat sur le négoce. Il me montre des courriels échangés avec des agents aux quatre coins de la planète. Il achète des radiateurs en Roumanie et les revend en Égypte. Tout un business de bielles et de culasses entre le Portugal, le Pakistan, la Birmanie, et lui au milieu comme intermédiaire – bon connaisseur du secteur : « Vous pouvez vous dire : quelque part dans le monde, une société fabrique le même produit que vous pour trois fois moins cher. Si votre client ne la trouve pas, tant mieux… »

Il hésite – « Allez… » – et me tend encore une liasse : « Vous ne direz pas d'où ça vient. »

C'est un courrier à l'en-tête du groupe Faurecia, fabricant de sièges auto, daté du 5 mars 2002 et adressé à OPF : « Le sourcing dans des pays à faible coût de main-d'œuvre doit nous aider à atteindre un objectif de baisse [des prix] de 30 %. […] Il nous serait dès à présent utile de connaître votre situation à ce sujet en répondant à ces quelques questions : 1) Avez-vous déjà engagé une telle démarche ? (partenariat avec des sociétés situées dans des pays à faible coût MO.) […] 2) Au cas où ce type de recherche ne serait pas entamé : quelles sont vos intentions à ce sujet ? »

Cinq mois plus tard, le 1er août, le même Guy Woirgnard (« Investments Purchasing Technical Manager ») revient à la charge : « Nous vous avons récemment interrogé sur vos projets de délocalisation dans des pays à faible coût MO. […] Cette nouvelle situation exige de votre part un engagement vers des pays à faible coût. […] Ces éléments économiques nous sont désormais indispensables pour justifier auprès de notre client la sélection des fournisseurs, et ce critère sera systématiquement pris en considération pour l'attribution des marchés… » En clair, Renault, Peugeot et consorts nous l'ordonnent, et nous vous l'imposons : délocalisez !

« Et il n'y a pas que dans le privé, me lance Laurent Bernard, regardez la suivante. » Elle porte le logo de la SNCF, cette fois : « Les exigences d'efficacité qui sont celles de la SNCF l'ont conduite à optimiser avec de plus en plus de rigueur le processus des achats. Les résultats de cette démarche sont très positifs en termes de réduction des prix. » Désormais, les chemins de fer français achètent donc des culasses fabriquées à l'Est.

« Il faudrait mettre un frein à la mondialisation », avance Laurent Bernard. Avant de soupirer : « Enfin, ça nous ouvrira peut-être des opportunités. » Une conclusion qui ne colle ni au ton, ni au discours. Il hausse à demi les épaules : « Vous comprenez, mon rôle, à l'UIMM et comme chef d'entreprise, c'est aussi d'insuffler de l'optimisme. » C'est maman qui va être contente…

OFFICE DU PISTON FRANÇAIS (PONT-DE-METZ),
LUNDI 23 MARS 2009
LES VANDALES

Je suis repassé chez OPF. Dans l'entrée, y a une affiche de collée :

> « SCP Maître Frédéric Delobeau, commissaire-priseur judiciaire.
> Conditions générales de vente et liquidation judiciaire OPF. »

Par une porte cassée, on entre dans les ateliers. Les vitres sont brisées. Les fils du téléphone sont arrachés, les combinés à terre. Les poutres sont sciées.

« On dirait que ç'a été vandalisé…

– C'est tout à fait ça, approuve Laurent Bernard. Ils arrivent, ils rentrent dedans, ils défoncent tout… Sans aucun respect. Entre eux, les billets circulent. C'est pire qu'une foire aux bestiaux. »

À ma première visite, il m'avait montré sa fabrique. Je n'avais rien entendu à ses commentaires à cause du boucan, des machines qui vrombissaient, qui percutaient le métal, qui déchiraient l'acier avec force étincelles. Le silence règne, désormais.

Au mur, une horloge indique 16 h 15.

Je regarde ma montre : 16 h 10.

C'est la seule chose qui tourne encore.

INTELLO N° 1
JEAN-LUC GRÉAU :
« UNE PELLICULE TRÈS ORGANISÉE »

EDHEC (LILLE), MARDI 6 NOVEMBRE 2007
AU SEIN DU PATRONAT

Ça y est. Je me suis lancé dans un début de recherche sur le protectionnisme et, sur un site Internet, je suis tombé sur cette annonce : « Mardi 6 novembre. Europe, espace ouvert ou offert ? Comment se situer dans la mondialisation qui s'accélère ? » C'était une conférence à l'EDHEC de Lille, organisée par le « Mouvement européen – Nord », une association qui « regroupe, au-delà de leur appartenance politique, les hommes et les femmes qui souhaitent s'engager en faveur de la construction européenne dans une perspective fédérale ». Et avec « Jean-Luc Gréau, économiste au MEDEF, Henri Sterdyniak, économiste à l'OFCE-Sciences Po, Raphaël Wintrebert, docteur en sociologie, chercheur à Fondapol ». Pourquoi pas une rencontre avec ces gens sérieux ?…

Je suis monté avec Liévin, mon copain rwandais (enfin, français maintenant). Lui vient de terminer un DESS d'économie et, dans la voiture, il m'a raconté que, en cinq ans de fac, jamais il n'a entendu parler de « protectionnisme ». Ça ne m'étonne pas : les idéologies fonctionnent grâce à ça, aux angles morts.

À l'école de commerce, dans l'amphithéâtre Saint-Louis, le débat se déroulait sous le regard de « Benjamin, 9 ans, futur EDHEC ». Lui jouait aux échecs sur une grande affiche portant le slogan « EDHEC, *for talented people* ». À côté de lui, un petit Noir devant un écran d'ordinateur, « Florent, 8 ans », lui aussi « futur EDHEC » because *« talented people ».* Et une fille, bien sûr, « Marilou, 8 ans », avec un livre ouvert. Un Black et une femme, voilà pour la « diversité » d'une élite qui se recrute dès le berceau. Avec des tests génétiques, bientôt.

JEAN-LUC GRÉAU, *en costume-cravate (comme les autres intervenants, comme les nuques blanchies du public)* : Je tiens d'abord à signaler que je ne travaille plus au MEDEF depuis de nombreuses années, et heureusement pour ma liberté de parole.

Le problème est simple : c'est qu'il est impossible de maintenir l'emploi sur nos territoires, et notre niveau social, avec trois milliards de travailleurs en Asie. Or l'espace commercial le plus ouvert, pour les produits industriels, c'est l'Europe. La question qui se pose me semble donc évidente : est-il normal que les entreprises s'appuient sur le salaire, sur une concurrence salariale entre les sites de production, pour améliorer leur taux de profit ? Je réponds non : au-delà d'un rapport de 1 à 3 entre les salaires, et vous voyez que je suis encore large, ce n'est pas soutenable.

Alors, le dumping social existe, il faut s'en protéger. C'est un libéral qui vous le dit, et je n'aurais pas tenu ce discours-là il y a quinze ans. Mais que se passe-t-il aujourd'hui ? En l'absence de barrières douanières, on encourage les délocalisations. Et ce sont, le plus souvent, nos propres produits qui nous reviennent.

Regardez avec les moteurs Peugeot, qui sont fabriqués en Chine. Regardez avec les maillots Arena.

Aussi, oubliez le mot « pays » et pensez « entreprise ». Des entreprises dont toute la politique est guidée par des actionnaires – infidèles, exigeants, ingrats –, tandis que les travailleurs sont mis en concurrence, laissés de côté.

HENRI STERDYNIAK, *de l'Observatoire français des conjonctures économiques, s'agite à sa gauche* : Je suis d'accord avec vous, ce sont les capitalistes européens qui investissent là-bas, donc il faut exproprier les capitalistes européens ? Mais non, le capitalisme a gagné, et naturellement la victoire du capitalisme entraîne le monde à sa perte, parce que, oui, les capitalistes profitent des bas salaires.

Mais de toute évidence on ne refera pas une protection. Vous voyez l'Europe qui élève ses taxes douanières ? C'est impensable. Alors, et c'est vrai : quelles sont les victimes de ce mouvement ? Ce sont les travailleurs non qualifiés en Europe. La gauche n'existe plus. La CGT est exclue. Quelles sont les forces qui sont capables, aujourd'hui, d'aller en sens inverse ?

Sitôt la séance des questions ouverte, j'interviens.

FAKIR (sans costume-cravate) : Comme le remarque Monsieur Sterdyniak, aujourd'hui, pour imposer un retour à davantage de protectionnisme, ce qui manque, c'est un rapport de forces. Il reste à construire. Alors, on sait qui sont les adversaires, qui sont les partisans du libre-échange : les multinationales, les actionnaires, les commissaires européens, les firmes d'assurances, les principaux médias. Et, en face, il y a un monde du travail éclaté, sans organisation forte. Mais est-ce qu'il y a un rapport de forces au sein même du patronat, Monsieur Gréau, vous qui connaissez cet univers ?

JEAN-LUC GRÉAU : Parmi les patrons, les positions ne sont pas aussi tranchées qu'on l'entend. Avec notamment un clivage entre les grandes entreprises, désormais internationales, et les PME, plus ancrées sur un territoire. Mais eux ne s'expriment pas ouvertement, ils craignent d'être taxés de « frileux », « contre la concurrence », etc.

HENRI STERDYNIAK : La solution, c'est de miser sur l'éducation, sur la recherche et le développement.

JEAN-LUC GRÉAU : Mais même, même avec de la recherche. Thomas Ferguson, c'est un cardiologue américain, un chercheur qui a déposé plus de cent brevets, lui l'exprime très bien : « Ce que nous découvrons en Amérique, nous le faisons fabriquer en Inde ou en Chine. »

HENRI STERDYNIAK : Il n'empêche que, où va l'essentiel de la plus-value ? Elle reste dans les pays du Nord. Sur une paire de bottes vendue 60 $ aux États-Unis, par exemple, on a calculé que 15 % de la valeur ajoutée allait à la Chine pour la confection et 85 % aux USA (pour le transport, les assurances, etc.). Ça peut prendre cinquante ou soixante ans, mais la Chine va aussi monter son niveau de vie et les choses vont s'équilibrer.

FAKIR : La valeur ajoutée va peut-être aux commerciaux du Nord, mais les emplois sont quand même partis au Sud. Alors, je me demande si vous inviteriez à pareille inertie, à tant de patience, si, à la place des sidérurgistes, des employés du textile, c'étaient les économistes qui étaient mis en concurrence avec les économistes chinois ?

HENRI STERDYNIAK, *sursautant* : Vous sous-entendez quoi ? Que je me fiche des employés du textile ?

FAKIR : Non, il ne s'agit pas de vous comme individu, mais c'est structurel. Si les médecins, les avocats, les enseignants, toutes les professions qui sont surreprésentées à l'Assemblée nationale, étaient mis en concurrence de la même manière…

L'ANIMATRICE : Il faudrait quoi ? Il faudrait délocaliser l'Assemblée nationale, maintenant ? !!

FAKIR : Non, mais si nos représentants étaient plus représentatifs, s'ils avaient souffert autant dans leur entourage que les classes populaires, je pense que la question du protectionnisme, ou au moins de la régulation, serait une priorité depuis longtemps.

Bizarrement, la salle a applaudi.

Dans le hall, parmi cette élite, on se sent un peu comme des intrus – d'autant plus sous les portraits de « Christian Polge, président de l'EDHEC 2007 et directeur de Coca-Cola France », « Christophe Bonduelle, président de l'EDHEC 2006 et président-directeur général de Bonduelle », tout un mur avec les photos des directeurs de Bolloré, de Damart, de Procter & Gamble…

JEAN-LUC GRÉAU : J'ai fait trente-quatre ans de lobbying au MEDEF, auprès des parlementaires notamment. Et j'ai senti un virage à partir de 1986, avec un déséquilibre qui est devenu de plus en plus flagrant : plus il y avait la possibilité de partir vers des pays à bas coûts, plus les tendances sociales du patronat d'après guerre étaient sur le reculoir. Le retour à la puissance publique m'apparaissait nécessaire, d'abord pour réguler le sas d'entrée des importations, ensuite pour rééquilibrer les rapports de forces sociaux. J'en parlais aux économistes autour de moi, mais bien sûr je passais pour un hérétique. Ils voient bien que la concurrence de l'Asie est plus forte que prévue, mais ils tiennent encore le même discours : 1) il faut baisser les charges ; 2) il faut tout miser sur la recherche et développement.

FAKIR : Mais j'ai l'impression que le protectionnisme est populaire. Le référendum du 29 mai 2005 l'a prouvé, entre autres, avec une large majorité d'employés et d'ouvriers opposés à la « concurrence libre et non faussée »…

JEAN-LUC GRÉAU : Je pense que, sur cette question, il y a une immense fracture entre la population à sa base et une toute petite pellicule à son sommet, une pellicule très mince, mais très organisée, très influente et très médiatisée…

L'orateur s'en va, et je lève la tête.

En hauteur se trouvent les logos des *« corporate members of the* EDHEC *Foundation »* : Ernst & Young, Auchan, Renault Trucks, etc. Des panneaux décrivent, aquarelles à l'appui, « le futur campus international Lille Métropole » à l'« horizon 2006-2009 », avec « 2 400 m² d'équipements sportifs, dont une piscine couverte », afin que la jeunesse dorée de la bourgeoisie du Nord s'épanouisse dans cette *« business school »*.

Cette « pellicule » est organisée, en effet. Elle dispose de lieux où se reproduire, et d'argent pour les financer. Elle tient le monde, elle tient surtout les discours sur le monde, et nous façonne à penser comme elle. À force de répétition, sur leurs radios, dans leurs journaux, ils sont parvenus à ancrer cette idée dans nos cerveaux : que le libre-échange des marchandises équivalait au progrès, à la paix, à la tolérance, voire au soutien du tiers-monde. Tandis que « protectionniste » rimait avec « nationaliste », avec « isolationniste » ou, pire, avec « égoïste ». Jusqu'à nous interdire de poser la question…

2

HISTOIRE
UN MONDE OUVERT… PAR QUI ?

CARROUSEL DU LOUVRE (PARIS),
JEUDI 10 MAI 2007
« EU-RO-PÉ-A-NI-SA-TION »

« Je suis déléguée CGT à ECCE.

– Ahhhh !!! » s'exclament, dégoûtés, les petits actionnaires.

C'était le grand jour, ce matin, à l'assemblée générale de LVMH. Je suis trop crevé pour retranscrire les enregistrements, l'arrivée des cars, le boucan au Carrousel du Louvre, l'inquiétude des bijoutiers, les vigiles qui nous repoussent, etc.

En bref.

Avec Marie-Hélène Bourlard, on était tout au fond de la salle, immense, des milliers d'actionnaires autour. Pendant les questions du public, on a demandé le micro. Les hôtesses nous l'ont refusé. « Ça ne va pas se passer comme ça », a décidé Marie-Hélène, et elle a foncé droit sur la tribune, droit sur Bernard Arnault, cernée par des cadres, des huissiers, des gars à talkie-walkie :

« Est-ce que vous êtes prêt à faire moins de bénéfices pour resigner un nouveau contrat avec ECCE pour garder la production française ? Parce que c'est 147 salariés qui vont être dehors.

– Je suis désolé des problèmes que ça peut poser aux personnes, s'excuse presque le PDG, plein de compassion, mais le problème de fond, c'est la différence de coût de revient, pour un certain nombre de métiers, dont la confection, entre la France et nos voisins d'Europe. »

La première fortune de France a raison : fabriqué à Poix-du-Nord, près de Maubeuge, un costume Kenzo revient à 80 € en sortie d'usine – matière première et main-d'œuvre, tout compris. Il est vendu 990 € (on l'a vérifié à midi dans les magasins parisiens). Voilà qui laisse une marge appréciable… mais encore insuffisante. Le premier groupe de luxe au monde a calculé, en effet, qu'en délocalisant la production en Pologne le coût tomberait de 80 à 40 €. Restait donc à « mettre en œuvre la solution industrielle », comme ils causent.

Mais cette arithmétique n'a pas suffi à convaincre Marie-Hélène :

« Vous, vous continuez à délocaliser dans les pays de l'Est ! (Ouh ! huent les premiers rangs.) Y a les 147 salariés qui sont là, j'aimerais que vous les voyiez, que vous osiez les voir, là, dehors, en face, et leur dire : “Je ne veux plus travailler avec vous.” »

Réplique, tranquille, de Bernard Arnault :

« Est-ce que Kenzo doit être le seul, sur le marché international, à payer ses costumes le double du prix que paient ses concurrents ? Qu'est-ce que vous en pensez en tant qu'actionnaires de LVMH ? Alors moi, je ne suis pas responsable, si vous voulez, des problèmes qui sont structurels à l'évolution de cette mondialisation, de cette [et c'est lui qui détache les syllabes] eu-ro-pé-a-ni-sa-tion. »

Lui m'a paru serein.

C'est pas un courageux, pourtant, Bernard Arnault. Pas du genre à affronter le péril rouge : en 1981, il est de la cohorte de ces patrons qui, parce que les soviets arrivent à Paris en la personne de François Mitterrand, prennent l'avion en emportant la fortune familiale dans une valise. Lui s'en va au pays de l'*« American Dream »*, se rêve en *« self-made man »*, mais la *« success story »* va tourner court. « Je suis parti aux États-Unis, explique-t-il dans son autobiographie, parce que la France entrait à l'époque dans une phase où, avant d'investir, il fallait bien voir ce qu'allait donner l'application des idées Mitterrand, qui, je vous le rappelle, était élu sur un programme consistant à changer radicalement le système économique libéral en France. »

Et en Mai 68, déjà, « la révolte ouvrière le surprend et l'inquiète, écrit son biographe officieux. Surtout quand elle fait irruption dans le giron familial, au cœur d'une sphère qu'il croyait parfaitement protégée. Jamais il n'y avait eu le moindre problème social chez Ferret Savinel. Ni grève ni récrimination, rien. Le paternalisme y fonctionnait à merveille. Et puis soudain, la grève. Totale. Radicale. Conduite par le délégué CGT, un certain Maquet, jusque-là fort peu dérangeant. Bernard Arnault n'a jamais effacé de sa mémoire l'image de son père, désemparé devant l'entrée des bureaux, empêché d'y pénétrer par les syndicalistes, en confrontation directe avec eux » (Airy Routier, *L'Ange exterminateur*).

Aujourd'hui, le fuyard ne fuit plus. Lui ne tremble pas. La révolte ouvrière fait irruption dans une sphère qu'il croyait parfaitement protégée, son assemblée générale, mais elle ne l'inquiète guère – et, malgré la confrontation directe, on ne le sent pas désemparé.

C'est que, entre-temps, en trente ans, sa puissance s'est installée sur un socle stable. Appuyée sur deux piliers solides : « mondialisation » et « eu-ro-pé-a-ni-sa-tion ».

Qui lui garantissent une éternité de victoires.

PALAIS DE L'ÉLYSÉE (PARIS),
MARDI 13 JUILLET 2010
FORME PASSIVE

« La France doit être compétitive. Le monde est ouvert, David Pujadas. »

C'est toujours un trésor qu'une intervention télévisée de Nicolas Sarkozy : tant de clichés à la minute, on croirait un condensé de l'air du temps. Comme si l'Époque nous parlait à travers lui, et je voudrais en profiter pour faire un petit exercice d'explication de texte :

« L'époque où il n'y avait pas d'ordinateur, pas d'Internet, pas de mondialisation, c'est fi-ni ! On est dans un monde nouveau, Monsieur Pujadas. L'emploi se délocalise. Les capitaux se délocalisent. Les jeunes voyagent. Les images font le tour du monde. Les informations ne sont plus nationales seulement, mais internationales. »

Ce qui me frappe, dans ces phrases, c'est l'absence de sujet. Personne n'agit : « L'emploi se délocalise. » Ah bon, et il fait ça tout seul, l'emploi, comme un grand ? Pareil pour les capitaux : sans doute sont-ils poussés par le vent, aussi légers que l'air, comme des nuées de milliards invisibles. La forme passive, « le monde est ouvert », renforce encore ce fatalisme.

Quand je dis « la porte est ouverte », on peut encore se demander qui l'a ouverte : ma compagne ?

Le chien ? Un voleur ? Mais pour « le monde », non. Le monde, lui, « est ouvert » parce qu'il s'est ouvert, point barre. Ou alors, d'après notre président, c'est le fruit de la technique, de ce Progrès qu'on n'arrête pas : « Internet », « les voyages » en avion, « l'ordinateur ». Et on ne reviendra pas en arrière, « c'est fini ! », on ne peut plus le refermer, ce monde. Quels esprits rétrogrades voudraient ça, d'ailleurs ?

Bizarrement, pourtant, ce monde si ouvert pour l'« emploi », les « capitaux », les « jeunes », les « images », les « informations », on parvient encore très bien à le fermer pour les pauvres du Sud. Et les mêmes esprits, pas du tout rétrogrades, hyper-modernes au contraire, réussissent plutôt bien ce verrouillage…

Ça me fait penser à une citation d'Alain Minc :

« La réalité économique, c'est comme la loi de la pesanteur. Jusqu'à nouvel ordre, on ne s'est pas émancipé de la loi de Newton. »

Ou encore :

« Le totalitarisme financier des marchés ne me réjouit pas. Mais je sais qu'il existe et je voudrais que toutes les élites le sachent. Je suis comme un paysan qui n'aime pas la grêle mais qui vit avec. Il faut partir de là : agir comme s'il s'agissait d'un phénomène météorologique. »

Tout comme son conseiller, Nicolas Sarkozy naturalise le social : « C'est comme ça » – et ça ne saurait être autrement. Il a beau être chef d'État, lui non plus n'est pas « responsable de cette mondialisation, de cette eu-ro-pé-a-ni-sa-tion ».

Derrière une simple formule, « le monde est ouvert », toute une construction historique est occultée : car qui l'a ouvert, ce monde ? Quand ? En poursuivant quels intérêts ? Avec quels outils ?

AMIENS, LUNDI 12 OCTOBRE 2009
QUELS TAUX ?

Ce serait une formalité, je pensais, un coup de fil au ministère des Finances suffirait. Mais le standard m'a passé un bureau, puis l'autre : « Si vous pouviez rappeler après 14 heures », « Non, on n'a pas ça chez nous », « Essayez à l'Équipement », « Il existe un Musée des douanes, aussi ». Chez les syndicats de douaniers, à la CGT : « On a changé de bureau et nos archives sont dans des cartons au sous-sol », etc.

Une après-midi de perdue.

Je demande des trucs plutôt basiques, pourtant, évidents :

1 – Quel était le niveau des taxes douanières après guerre ?

2 – Quel est-il aujourd'hui ?

3 – Quelles furent les grandes étapes de ce démantèlement ?

Ces questions, à mon avis, il y a encore trente ou quarante ans, des fonctionnaires pouvaient y répondre au pied levé. Un siècle durant, ces taux furent un enjeu fiscal, et donc politique ; on s'est écharpé à l'Assemblée nationale pour les baisser ou les augmenter, selon les groupes d'intérêts. Mais l'idéologie officielle a évacué ce débat, et voilà que les institutions, leurs agents, ont perdu toute trace de cette histoire. Leur mémoire s'est effacée, presque sur commande.

AMIENS, MARDI 13 OCTOBRE 2009
VARIABLE INVARIANTE

J'ai longuement surfé sur le Net (sites du FMI, etc.) sans tomber sur rien de probant. Juste ce graphique, extrait d'un article académique sur « L'économie internationale : fondements théoriques et faits empiriques » :

Évolution du tarif douanier exprimé en %
du tarif prévalant en 1930

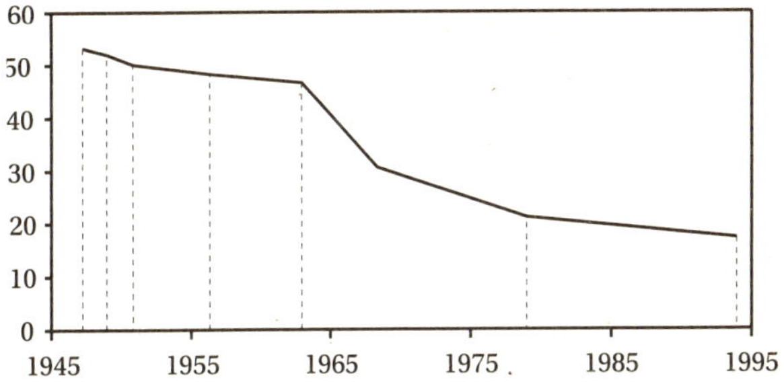

Par courriel, j'ai demandé à l'auteur de l'article, Olivier Cardi, professeur à Paris-II, où obtenir un document plus complet sur les tarifs douaniers. Dans la foulée, il m'a répondu ceci :

« J'avais regardé un petit peu mais je n'avais rien trouvé pour la France. J'ai à nouveau cherché des séries longues pour les pays de l'OCDE juste après votre e-mail et je n'ai rien trouvé. »

Ça me rassure, en un sens : c'est pas parce que je suis nul.

Mais c'est une béance énorme, tout de même, un étrange paradoxe : cette donnée – le tarif douanier – transforme le visage de l'économie, facilite ou non les importations, bouleverse des secteurs entiers, des industries, des existences, les améliore ou les assombrit, et cette donnée centrale, majeure, essentielle, demeure pourtant un angle mort. Dont il devient impossible, ou très compliqué, de retracer l'évolution.

Ce paradoxe, on s'en doute, n'est qu'apparent : c'est que cette variable ne doit plus varier. Elle doit tranquillement tendre vers zéro. Mieux vaut l'oublier, oublier que ce levier subsiste.

AMIENS, MERCREDI 14 OCTOBRE 2009
CONTRIBUTION À LA SCIENCE

Il m'aura fallu trois jours de recherches pour simplement rassembler quelques chiffres. À force d'agréger des statistiques (glanées sur le site de la Banque mondiale, dans le rapport publié par l'OMC à l'occasion de son soixantenaire, dans un article de Jules Moch daté de 1967 sur « La première décennie du Marché commun »), j'ai fini par reconstituer cette histoire :

Suppression des frontières douanières à l'intérieur de l'Europe : – 10 % en 1959, – 20 % en 1960, et encore – 10 % en 1961, en 1962, en 1963, en 1964, en 1965, etc., jusqu'à une suppression totale en 1968. Le Marché commun devient alors effectif.

Puis à l'échelle du monde. Un « round » après l'autre, les négociations du GATT ont fait tomber les barrières tarifaires : – 26 % à Genève (1947), – 38 % avec Kennedy (1967), – 33 % à Tokyo (1979), – 38 % pour le cycle Uruguay (1994).

Au final, il y a soixante ans, les produits manufacturés étaient taxés à hauteur de 20 %, au moins, à leur entrée en France. Un taux qui est descendu à 2,5 % aujourd'hui pour l'Union européenne.

Sur l'ensemble du globe, entre le cycle de Genève et celui de l'Uruguay, les tarifs de douane moyens sont passés de 40 à 3,9 %.

Voici ma contribution à la science :

Taxes à l'intérieur du Marché commun

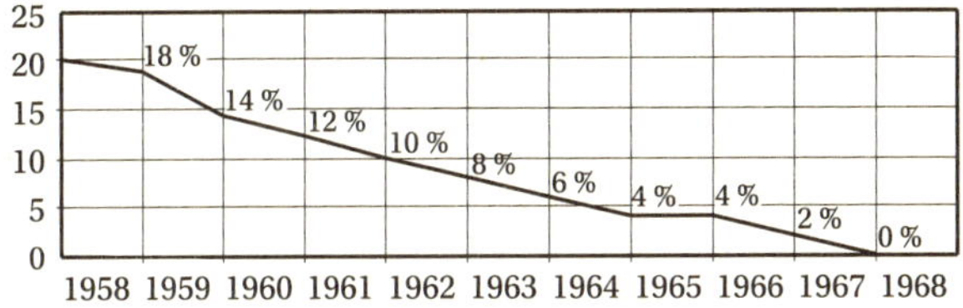

Taxes au sein du GATT puis de l'OMC

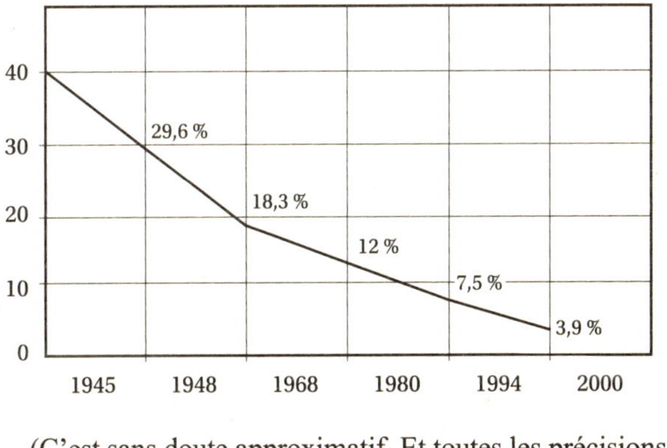

(C'est sans doute approximatif. Et toutes les précisions seront les bienvenues : francois@fakirpresse.info)

Mais ces quelques chiffres, encore une fois, ne nous disent rien sur les conflits d'intérêts, les négociations diplomatiques, les chocs idéologiques, les alliances de classes, les rapports de forces. Ainsi, pourquoi la France a-t-elle quitté le GATT en 1963 ? Pourquoi y est-elle revenue ? Nous n'en saurons rien. Nous ne saurons rien de toutes ces batailles, discrètes, en coulisses, dissimulées, pour que, à la fin – mais est-ce vraiment la fin ? –, le libre-échange s'impose comme la norme.

Parfois, pourtant, en cas d'obstacle, la bataille devient publique. Avec leurs firmes, leurs médias, leurs partis pour gronder. Et, comme une montre dont les rouages se grippent, on aperçoit soudain la mécanique de ce « monde ouvert ». Je songe, bien sûr, au débat sur le Traité constitutionnel européen…

AMIENS, SAMEDI 19 FÉVRIER 2005
CHOC SUR LA CUVETTE

Jusqu'à ce matin, franchement, j'allais voter « non », mais sans ardeur, sans colère – comme une formalité un peu ennuyeuse. Mais Aline est remontée du pain avec le TCE sous le bras, publié par *L'Huma*, et je n'ai pas décollé du siège des toilettes pendant une heure tellement cette lecture m'a abasourdi : « Économie sociale de marché hautement compétitive », « libre circulation des capitaux entre États membres et pays tiers », « concurrence libre et non faussée »…

Quoi ?

C'est donc ça, leur Europe ?

Je n'avais jamais mis le nez dans des textes pareils, les accords internationaux, et je croyais, à vrai dire, que ces écrits-là n'étaient pas faits pour moi. Que je ne comprendrais rien à tout ce langage juridique. Que les finalités idéologiques seraient dissimulées, indiscernables, imperceptibles derrière tout le fatras technique. Eh bien, je me trompais. Malgré tout l'enrobage technico-juridique, bien présent, les finalités s'exhibent encore : le marché avant les hommes.

PARIS, MARDI 8 MARS 2005
0810 2005 25

Une affiche m'y invitait dans le métro parisien. Alors, comment mieux s'informer qu'en composant le 0810 2005 25, le numéro du « Centre d'information sur la Constitution européenne » ?

UNE DAME : Centre d'information sur la Constitution, bonjour !

MOI : Excusez-moi de vous déranger. En fait, j'ai commencé à lire le Traité constitutionnel, quoi… Bon, je n'ai pas fini la lecture, donc je ne sais pas si ça se termine bien, mais par exemple, quand il est dit… c'est dans la partie I… Là, c'est marqué : « une économie sociale de marché hautement compétitive »…

LA DAME : Oui ?

MOI : Si vous voulez, « une économie sociale de marché hautement compétitive qui tend au plein emploi et au progrès social », j'ai l'impression qu'on a mis tout et son contraire dans une seule phrase…

LA DAME : Euh… Oui, oui…

MOI : Et je n'ai lu aucun article qui définit comment on va arriver au progrès social et au plein emploi…

LA DAME : Oui. Alors vous avez tout à fait raison, et justement… euh… En fait, le traité pose des grands principes, des objectifs comme ça, et en fait, ensuite ce sera aux lois et aux lois-cadres, en fait, de définir plus précisément la façon d'y arriver…

MOI : D'accord. Enfin… vous dites que c'est assez vague, mais, en revanche, pour ce qui est de la libéralisation des capitaux, c'est assez précis, quoi…

LA DAME : Oui oui, bien sûr… euh… effectivement… La partie III, en fait… euh… Ça reprend en grande partie des traités antérieurs en les modifiant un petit peu… Mais effectivement, sur les capitaux, c'est assez précis…

Difficile d'être plus précis, en effet – ou insistant, du moins :

L'article III-157 fixe le cap : « Le Parlement européen et le Conseil s'efforcent de réaliser l'objectif de libre circulation des capitaux entre États membres et pays tiers dans la plus large mesure possible » – que les capitaux circulent librement, donc, pas seulement entre la France et l'Espagne, mais avec les Bahamas, le Japon, les Bermudes, etc.

Toute régulation ne saurait constituer qu'un recul : « Seule une loi ou une loi-cadre européenne du Conseil peut établir des mesures qui constituent un recul dans le droit de l'Union en ce qui concerne la libéralisation des mouvements de capitaux. »

Et « en cas de guerre », de « trouble intérieur grave », de « tension internationale », voici ce qu'il convient avant tout d'« éviter » : que « le fonctionnement du marché intérieur ne soit affecté » ! (article III-131). On croirait un gag…

« La partie III ne fait que reprendre des traités antérieurs… », me dit la dame. « C'est pas nouveau. C'était déjà dans les traités antérieurs », confirmait le ministre de mon coin, Gilles de Robien, sur un plateau télé. Et le Vert Alain Lipietz, pareil : « Ce que les opposants au traité considèrent comme libéral est déjà dans le traité de Nice. » Et le député socialiste Bernard Roman, encore : « Concurrence libre et non faussée : cette phrase était déjà dans le traité d'Amsterdam. » Et Jacques Delors, et Alain Duhamel de se référer au traité de Rome.

Avec cet argument, les partisans du « oui » croient défendre l'Europe. Ils s'enfoncent, en fait. Ils l'enfoncent. Qui les avait négociés, ces traités-là ? Qui les avait signés sans rien nous dire ? Qu'on nous les donne à ratifier, maintenant ! Vous verrez ce qu'on en pense ! Du papier mâché, voilà ce qu'on va en faire, de votre Acte unique ! Recyclé en PQ, votre Amsterdam ! Au feu, les cahiers, et les commissaires au milieu !

Il y a, chez moi, comme une rage. La colère de m'être fait berner – et pire : d'avoir entraîné ma mère dans ma bêtise. Parce qu'en 1992, naïvement europhile, évidemment « ouvert sur le monde », libre-échangiste sans le savoir, je l'avais persuadée de voter « oui », elle qui hésitait. (« Pour l'avenir de tes enfants », je proclamais sans doute. Et peut-être même : « Tu préfères Delors ou Le Pen ? »

BRUXELLES, JEUDI 7 AVRIL 2005
L'HOMME DES FIRMES

« Les dirigeants de l'ERT ont été à l'avant-garde du soutien de mon idée. »

C'est un document public, et pourtant c'est comme si, par un trou de serrure, je jetais un œil dans les coulisses du libre-échange. Comme si se découvraient, à demi, ses architectes, ses intérêts.

Sur le site de l'INA, je suis tombé sur une émission spéciale, *Demain l'Europe ?*, diffusée le 7 juillet 1993 sur Antenne 2. Et c'est Jacques Delors qui se confie ainsi, tranquillement : « Les dirigeants de l'ERT ont été à l'avant-garde du soutien de mon idée. » Pour bâtir l'Europe, voilà avec qui le président de la Commission s'est allié : avec l'ERT, la European Round Table, qui rassemble 45 « capitaines d'industrie », les PDG de Total, Nestlé, Renault, Siemens, etc.

Le même poursuit ses confidences : « Donc, ce que j'ai fait en 1984, c'est de rechercher un consensus par défaut avec les gouvernements qui refusaient tout sauf cette idée d'un grand marché, et d'obtenir un consensus par enthousiasme des industriels. » Et c'est ainsi que ce socialiste a « relancé l'Europe » : en s'appuyant non sur les « syndicats européens » ou les « peuples européens » (qu'il ne cite jamais), mais sur l'ERT. Le principal lobby patronal…

En janvier 1985, le président de l'ERT et de Philips (futur Whirlpool), Wisse Dekker, avait publié *Europe 1990 : un agenda pour l'action*, un document où il proposait de faire tomber les barrières commerciales et les frontières fiscales. En janvier 1985, justement, Jacques Delors prend ses fonctions à Bruxelles et, devant le Parlement européen, il fait part de « [s]on idée » : faire tomber les barrières commerciales et les frontières fiscales. Heureusement, le PDG n'avait pas déposé de copyright…

BRUXELLES, VENDREDI 8 AVRIL 2005
LES PATRONS AU VOLANT

C'est un bijou.

Cette fois, je ne jette plus un œil « dans les coulisses du libre-échange », je pénètre dans ses entrailles, carrément. Et ses architectes, ses intérêts, ne se découvrent plus à demi, mais complètement.

Il s'agit d'une archive, toujours, et toujours sur le site de l'INA : *La Marche du siècle*, sur FR3, datée du 18 septembre 1991 et titrée « Europe : les patrons tirent la sonnette d'alarme ».

« L'Europe, ça ne va pas assez vite, énonce Jean-Marie Cavada. Ce sentiment de lenteur, partagé par beaucoup de gens, 45 grands industriels européens, représentant trois millions d'employés, s'en irritent et tirent la sonnette d'alarme. Ils demandent plus d'Europe. » En toute objectivité, le présentateur – passé depuis au Modem, puis à l'UMP – l'expose : « Cette émission a été déclenchée par le travail de 45 industriels européens, dont voici les trois représentants. Ça s'appelle la Table ronde européenne. Il s'agit d'abord de Monsieur Jérôme Monod (président de la Lyonnaise des eaux), Pehr Gyllenhammar (président de Volvo, associé comme vous le savez à Renault, associé comme vous le savez à Mitsubishi) et Umberto Agnelli (président de l'énorme groupe Fiat). » Est également convié un banquier, sans doute pour équilibrer le plateau : « Bernard Esambert, président de la Financière Rothschild… »

Faut se replacer dans le contexte : à l'automne 1991, l'Europe se trouve à un moment clé de son histoire. Le continent est débarrassé du communisme.

Les objectifs fixés par l'Acte unique de 1986 sont désormais atteints. Et en décembre doit se tenir un sommet des chefs d'État, à Maastricht. À cette occasion, les patrons comptent bien marquer des points, définitifs. Avancer leurs pions à grandes enjambées. Jérôme Monod énonce clairement le programme : se charger de « l'éducation, la formation – qui est aussi notre rôle », construire de « grandes infrastructures qui traversent l'Europe », établir la « monnaie unique »... Sur tout ça, « il faut aller vite : on ne peut pas aller se balader avec douze monnaies dans ses poches alors que les Américains ont le dollar et que les Japonais ont le yen ».

Dans cette *Marche du siècle*, en direct de Bruxelles, Jacques Delors approuve toutes les injonctions du Capital : « Lorsque j'ai lancé, en 1984-1985, le projet de grand marché, la Table ronde des industriels a soutenu ce projet. Et aujourd'hui, j'ai lu le rapport, les industriels invitent les gouvernements à aller plus vite encore, et ce n'est pas moi qui leur dirai le contraire : nous avons bien besoin de cette poussée salutaire, sinon nous aurions tendance à ne pas aller au rythme où les événements vont. Cet avertissement est salutaire. Maintenant il faut aller à 140 à l'heure... Il faut que les gouvernements se décident : pour ça, ils n'ont plus que trois mois. »

Trois mois plus tard, le contrat sera rempli. Depuis, de Maastricht à Amsterdam, de la stratégie de Lisbonne au Traité constitutionnel, l'Europe a bien roulé à « 140 à l'heure ». Et dans les directions fixées par le patronat...

Les « lobbies » : avec un nom pareil, on croirait qu'ils se cachent sous les tapis, qu'ils chuchotent derrière des portes closes, qu'ils versent du liquide sur des comptes aux Bahamas. Sans doute. Sans doute qu'ils intriguent dans l'arrière-boutique. Mais leur influence, on peut la découvrir rien qu'en allumant son poste de télé. Rien qu'en écoutant leurs perroquets médiatiques et politiques.

À l'époque, cette émission apparaissait comme le phare de la culture, plutôt « de gauche », donc, façonnant l'opinion de la petite bourgeoisie intellectuelle (au lycée, une prof de français nous en avait fait visionner une en entier, comme s'il s'agissait d'un support éducatif). Et pourtant, avec le recul du temps, la propagande apparaît ici évidente, transparente. Dans cette séquence, l'idéologie se met en scène, comme sur un théâtre : les patrons sont invités par les médias et dictent gentiment leurs lois aux politiques.

Rien à décrypter, il suffit de transcrire.

AMIENS, VENDREDI 11 MAI 2007
CONSCIENCE DE CLASSE

« Moi, je ne suis pas responsable, si vous voulez, des problèmes qui sont structurels à l'évolution de cette mondialisation, de cette eu-ro-pé-a-ni-sa-tion. »

Dans mon fichier « Mondialisation », je copie-colle la citation du PDG de LVMH. Elle s'ajoute à ma petite collection :

De Bernard Arnault, toujours, tiré de son livre d'entretiens *La Passion créative* :

« Les entreprises, surtout internationales, ont des moyens de plus en plus vastes et elles ont acquis, en Europe, la capacité de jouer la concurrence entre les

États. […] L'impact réel des hommes politiques sur la vie économique d'un pays est de plus en plus limité. » Et de conclure : « Heureusement. »

Du même, menaçant : « Nous évoluons dans un système beaucoup plus mobile qu'il y a une quinzaine d'années. Face à cela, que peuvent faire les États ? Il leur est pratiquement impossible de s'opposer à une mobilité des entreprises à travers l'Europe. »

Et d'avertir : « Toute velléité nationaliste est vouée à l'échec. À trop augmenter les charges sociales et imposer les 35 heures à des entreprises qui n'en ont pas les moyens, le gouvernement risque d'accélérer le processus de délocalisation d'un certain nombre d'usines. »

Son nègre, le journaliste économique Yves Messarovitch : « De la libération des prix à la flexibilité du marché du travail en passant par la fiscalité, c'est à notre engagement européen, et à lui seul, que nous devons autant de réformes successives que nous n'aurions pas su, ou pas pu mener nous-mêmes. Là où la fiscalité pénalise l'économie, la concurrence intra-européenne exercera une pression telle que nos futurs gouvernements devront renoncer à quelques aberrations qui alimentent d'importantes sorties de capitaux. Citons-en trois : l'ISF, l'impôt sur les bénéfices des entreprises et les tranches supérieures de l'impôt sur le revenu » (*Le Figaro Magazine*, 26 février 2002).

Alain Madelin, ex-député et ministre libéral, voit dans l'Europe « une assurance-vie contre le socialisme » (*Le Monde*, 23 juin 1992).

Cette grâce touchait également le Nouveau Monde, elle en provenait. Gary Becker, dans *Business Week* : « Le droit du travail et la protection de l'environnement sont devenus excessifs dans la plupart des pays développés. Le libre-échange va réprimer certains de ces excès en obligeant chacun à rester concurrentiel face aux importations des pays en voie de développement » (9 août 1993).

Lawrence Summers, alors « Chief Economist » à la Banque mondiale : « Juste entre vous et moi, la Banque mondiale ne devrait-elle pas encourager davantage la migration des industries sales vers les pays moins développés ? […] La logique économique derrière le déchargement des déchets toxiques dans les pays aux salaires les plus bas est irréprochable et nous devons la regarder en face » (dans une note de service intitulée « Good environmental practices » [Bonnes pratiques environnementales (!)] et datée du 12 décembre 1991).

Annie Krueger, directrice générale adjointe du FMI : « Plus vite une économie est ouverte, mieux c'est. Parce que plus une économie est ouverte, plus il est difficile de revenir en arrière et de renverser les réformes » (conférence à l'université de Nottingham, septembre 2004.)

À relire ces notes, ce qui me marque, c'est leur conscience. La conscience claire, nette, lucide d'un plan qu'ils ont mis en œuvre, étape après étape, non pas un complot, non, mais tout de même une tactique qui court sur un demi-siècle. La conscience, surtout, des avantages qu'ils en tirent : ils ne blablatent pas sur la « paix », la « prospérité », etc., non, ils dressent le catalogue de leurs conquêtes passées et à venir, contre le « droit du travail » bien sûr, contre les « charges sociales » on s'en doute, contre les « 35 heures » évidemment, contre la « fiscalité » aussi, et même contre la « protection de l'environnement ». La conscience, enfin, du rapport de forces qu'ils imposent, comme un enfant dans sa toute-puissance : libre-échange oblige, il n'y a plus d'entraves à leurs désirs, plus de limites à leur démesure, plus d'adversaires sur leur chemin.

Quand nous avons, de notre côté, subi l'histoire récente, dans le brouillard. Et dans l'inconscience.

AMIENS, VENDREDI 20 SEPTEMBRE 2009
COURS DE L'HISTOIRE

Dans ma bibliothèque, je feuillette *Amiens années 60.*

Sur les photos en noir et blanc, les ouvriers de Dunlop défilent dans les rues, bien en rang, comme une légion romaine chez Astérix, portant haut leurs pancartes : « Nos salaires. Notre prime de bilan. Notre indemnité de transport. » En Mai 68, eux hissaient le drapeau rouge sur leur usine. Tandis que, chez Valeo (alors Ferodo), le blocage allait durer plus d'un mois, jusqu'au 22 juin.

« Les années 70, c'était une période euphorique, se souvient Max, cégétiste et retraité "amiante" chez Valeo, justement. On a négocié un accord d'entreprise assez favorable, avec des congés pour événements familiaux, pour ancienneté, etc. Fallait, comme ils disaient, "fidéliser le personnel", pour qu'on ne parte pas ailleurs. Et puis, en 81, la direction de l'époque a voulu enlever une partie de l'accord. On a lancé une grève, et leur idée n'est pas allée plus loin. Jusqu'en 86, où ils ont mis en place la "modulation d'horaires", de la flexibilité pour ne pas payer les heures sup'. Et en 87 ils ont commencé les licenciements économiques avec, dans le même temps, le recours à des gens en intérim. »

Le cours de l'Histoire s'est inversé.

C'est pas de la théorie, non. Très concrètement, des hommes et des femmes ont connu cela, l'ont vu de leurs yeux, presque vécu dans leur chair. Je pense aux Débart, par exemple, mes presque voisins, des anciens du quartier Nord que j'interviouvais autour d'un Ricard dans leur jardin : « Moi, je suis rentré chez Carbone en 73, lors de la dernière grande embauche, ils ont pris deux cents gars d'un coup. Catherine chez Honeywell. Dans les années 75-76, vous alliez voir le contremaître : "Je veux 20 centimes de l'heure en plus." S'il refusait, on passait dans la boîte d'à côté. Y avait du boulot partout sur la zone. De toute façon, ces augmentations, ils les donnaient d'eux-mêmes. Après, ils ont commencé à établir des quotas. Et puis ensuite, tout bêtement, ils ont appliqué la loi du SMIC au 1er juillet. C'était devenu : "Vous travaillez et vous vous écrasez." »

« Coïncidence », disent-ils. Mais en est-ce bien une ? Les Débart ont tous deux achevé leur carrière sans gloire, « licenciés » l'un après l'autre. En 2001 pour Catherine. Au cours de cette seule année, Honeywell a fermé « 51 unités de production » à travers le monde – dont Amiens. C'est un « bon usage des délocalisations », estiment *Les Échos*, louant la firme américaine, que « de tirer parti des compétences et de la compétitivité d'autres régions du monde, Inde, Chine, États-Unis » (20 mai 2008). En 2003 pour Didier, de chez Carbone Lorraine. Et tandis que cette boîte réduisait sa masse salariale picarde, elle inaugurait sa « nouvelle usine de Chonqing », son quinzième atelier en Asie : « Avec une marge opérationnelle de 9,5 %, l'ambition de se transformer en société de croissance est désormais bien engagée. »

C'est une stratégie historique, ça.
On peut la dater.

Des accords de Grenelle (1968) à la quatrième semaine de congés payés (1969), jusqu'à la création du SMIC (1970) et au chômage indemnisé à 90 % du salaire brut (1974), les patrons pliaient. Les conquêtes sociales avançaient comme un rouleau compresseur : sur cette décennie 70, les salaires ont grimpé nettement plus vite que la croissance. La France, mais aussi l'Italie, la RFA, l'Angleterre enregistraient des grèves à tire-larigot. Les travailleurs se sentaient pousser des ailes, on causait révolution, autogestion. Le taux de profit diminuait : c'était l'« euthanasie des rentiers » promise par Keynes. « Nous sommes tous keynésiens maintenant », proclamait d'ailleurs, à Washington, le républicain Richard Nixon. Tandis que, à Paris, Jacques Chirac s'attaquait au « libéralisme conservateur » de l'équipe Giscard-Barre, encensait la « planification », revendiquait un « travaillisme à la française », classait le gaullisme « à gauche ». Les patrons, de même, évoquaient la « classe ouvrière », la « rupture avec le capitalisme ». Pour les contester, certes, mais ils en parlaient : sur le reculoir.

Puis la vapeur s'est renversée.

À toute vitesse.

Par quel miracle ?

Georges Pompidou l'expliquait bien, à la télévision : « Vous avez pendant cinquante ans vécu à l'abri de protections inadmissibles. Pendant cinquante ans, vous étiez tranquilles. […] Et puis tout à coup, on va se trouver dans ce qu'on nous a demandé, c'est-à-dire la liberté de concurrence, et la liberté de concurrence cela veut dire que ceux qui produisent le mieux et le meilleur marché gagnent. Et, à ce moment-là, bon nombre de nos industriels et de nos commerçants commencent à prendre peur. Mais c'est eux qui l'ont souhaité, ce Marché commun, qui l'ont réclamé. Et d'ailleurs, ils ont eu raison. Seulement, il faut en prendre les risques, il faut dire qu'à partir de ce moment-là il n'y a plus de repos. »

Le « rapport de forces » national était devenu intenable ? On avait franchi la frontière, on l'avait contourné par l'international.

Quitter le terrain quand ça les arrange : les firmes détiennent cet atout.

Qui change la donne, totalement.

Aujourd'hui, en comité d'entreprise, le PDG Thierry Morin ne cherche plus à « fidéliser le personnel » : il rappelle judicieusement aux syndicats le coût horaire « d'un Chinois : 35 centimes d'euro ». Et Françoise, la nouvelle déléguée CGT Valeo, conte cette anecdote : « Lorsqu'on m'a mutée de département, j'ai tenté de négocier mon salaire. Le chef du personnel a ouvert un tiroir : "On a reçu une cinquantaine de candidatures spontanées. Des personnes plus jeunes, mieux qualifiées et moins gourmandes que vous." » Ça sert, un réservoir de main-d'œuvre…

À Abbeville, Valeo annonce « la délocalisation de son activité "sécurité habitacle" vers la Slovaquie », avec « 130 postes supprimés » (plus les intérimaires). Deux années s'écoulent à peine, et voilà que les « serrures » s'en vont, avec encore « 118 emplois » à la clé. Les travailleurs et les habitants sont invités à « manifester devant le site », mais juste à côté, dans le quartier de l'Espérance, à la cage d'escalier numéro 6 de la rue Léon Blum, Jessica hausse les épaules : « De toute façon, qu'est-ce qu'on y peut ? Y a la Roumanie, y a la Chine… »

L'espoir s'est converti en résignation.

Et c'est sans doute leur plus grande victoire…

INTELLO N° 2
MAURICE ALLAIS : « LES LAISSER-FAIRISTES MÈNENT À L'EFFONDREMENT »

L'ISLE D'ABEAU, SAMEDI 10 OCTOBRE 2009
CENSURE MÉDIATIQUE

J'ai improvisé ce couplet, ce soir, mais il a bien marché :

« Est-ce que vous connaissez Maurice Allais ? »

Dans l'assistance, quelques têtes opinent – mais la salle se tait.

« Est-ce que vous connaissez Alain Minc ?

– Ouiiii ! s'époumone le public. Évidemment !

– Est-ce que vous connaissez Jacques Attali ?

– Ouiiii !

– Est-ce que vous connaissez, allez, Pascal Lamy ?

– Ouiii ! »

Ça énerve mon auditoire, que je les prenne pour des ânes : comme si, à la médiathèque de L'Isle d'Abeau, ils ignoraient l'existence de ces sphinx de la pensée.

« Est-ce qu'Alain Minc a reçu le prix Nobel d'économie ? Ou, plus exactement, le "prix de la Banque de Suède en économie" ?

– Non !

– Et Jacques Attali ?

– Non !

– Et Pascal Lamy ?

– Non !

– Eh bien, Maurice Allais, oui. C'est même le seul Français qui ait reçu cette distinction. Et pourtant, à la plupart d'entre vous, son nom ne dit rien. Il n'est pas interrogé tous les quatre matins à la matinale de France Inter. Il n'a pas droit à son portrait en dernière page de *Libération*. Il ne fait pas la couverture de *L'Expansion* ou de *Challenges*. Et pourquoi ? Parce que ce vieux monsieur a un énorme défaut : il est favorable au protectionnisme. Et, du coup, où a paru le seul entretien avec le seul Prix Nobel d'économie français ?

– …

– Dans *Fakir*. »

Les rires fusent.

« En vente pour 3 € seulement à la sortie. »

Les rires redoublent.

« C'est marrant, oui. Mais ça en dit long, quand le seul entretien avec le seul Prix Nobel d'économie français est publié dans un journal aussi marginal que *Fakir*, ça en dit long sur la censure qui existe dans le débat économique. Le libre-échange est élevé au rang de dogme, intouchable. »

Ça n'a pas été de la tarte, n'empêche, d'obtenir cet entretien. Si on peut parler d'entretien…

PARIS, MERCREDI 28 NOVEMBRE 2007
ENCORE VIVANT

« T'es favorable au protectionnisme, alors ? Comme Maurice Allais ?

– Qui ça ?

– Un Prix Nobel d'économie. »

C'est Arnaud Gonzague, un ami éditeur, qui m'a sorti ce nom-là, ce matin. Je ne connaissais pas. Si, en fait : je l'avais croisé dans le pavé de Serge Halimi, *Le Grand Bond en arrière*, cité parmi les fondateurs de la Société du Mont-Pèlerin, aux côtés de Friedrich Hayek et de Milton Friedman. Un ultralibéral, quoi. Qu'il ait viré « protectionniste », un tournant à 180°, ça, je l'ignorais.

J'ai regardé sur Internet, je n'ai pas trouvé une seule interview du bonhomme. Le plus informatif, c'était son entrée Wikipédia : Maurice Félix Charles Allais, né à Paris le 31 mai 1911, etc.

Il est encore vivant, apparemment. À 96 ans, faut se dépêcher : j'ai aussitôt commandé son dernier bouquin, *La Mondialisation. La destruction des emplois et de la croissance*.

AMIENS, VENDREDI 14 DÉCEMBRE 2007
LECTURES

J'ai terminé *La Mondialisation*. Y a comme un mélange un peu bizarre : scientifique d'un côté, avec des chiffres, des tableaux, et de l'autre hurluberlu irrité. Rien que la dédicace, qui ouvre le livre :

« CE LIVRE EST DÉDIÉ
AUX INNOMBRABLES VICTIMES
DANS LE MONDE ENTIER
DE L'IDÉOLOGIE LIBRE-ÉCHANGISTE MONDIALISTE
IDÉOLOGIE AUSSI FUNESTE QU'ERRONÉE
ET À TOUS CEUX QUE N'AVEUGLE PAS
QUELQUE PASSION PARTISANE. »

Avec toutes ces majuscules, tous ces adjectifs, tous ces -istes, ça fait étrange, grandiloquent, mal maîtrisé.

J'ai également survolé *L'Europe en crise. Que faire ?*, qui raconte à peu près la même chose. C'est normal : quand on détient une vérité qui relève pour partie de l'évidence, on est condamné à la répétition.

J'ai appelé sa maison d'édition, Clément Juglar ; je vais leur adresser une lettre – qu'ils transmettront à Maurice Allais.

AMIENS, MARDI 18 DÉCEMBRE 2007
MONSIEUR JOURDAIN DU MONDIALISME

Maurice Allais m'a rappelé.

Bon, pour l'entretien, ça se complique : la nullité des journalistes l'écœure… Il n'a pas de temps à perdre avec ces « Monsieur Jourdain qui font du mondialisme sans le savoir »… Ils ne comprennent rien, ne connaissent pas ses ouvrages, ne savent pas transcrire, dénaturent sa pensée, etc. Donc il a refusé que je le rencontre pour un enregistrement.

En revanche, il propose cette méthode :

Primo, que je lise ses livres.

Secundo, que je rédige mes questions par écrit.

Tertio, que je rédige aussi ses réponses : en recopiant des passages de ses bouquins.

Quarto, que je lui adresse le texte pour qu'il le valide ou non.

Ça réclame plus de boulot que de tenir un micro…

J'étais déçu parce que, chez ce vieux monsieur, il reste de la vivacité, du répondant. À un moment de la conversation, il s'est emporté contre le Parti socialiste : « Mais qu'est-ce qu'ils font là-dedans ? J'ai encore entendu François Hollande ce matin, quel imbécile ! Ils attendent que toute l'industrie ait fichu le camp ? Si c'est par ça que les ouvriers sont défendus… », etc. Quand je lui ai parlé de la Société du Mont-Pèlerin, il s'est énervé à nouveau : « Jamais je n'ai signé leur manifeste. Oui, je me trouvais là-bas, mais j'ai refusé de signer. Hayek était un fou furieux, un fanatique, qui rêvait de la disparition de l'État. » Il m'a servi, aussi, un couplet contre *Le Figaro* : « Avant, Alain Peyrefitte me passait des pleines pages, parfois plusieurs jours d'affilée, mais depuis qu'il est mort, c'est fini. Même au moment du référendum européen, ils n'ont pas publié ma tribune… » Et *Libération* ? « Des ânes. Ils n'ont même pas répondu. Non, mon article a paru dans *L'Humanité*. J'ai consacré ma vie à dénoncer le communisme, l'URSS, et quel est le journal qui rend public mon point de vue ? *L'Humanité* ! »

Voilà qui illustre bien le fonctionnement de la censure dans les médias. Moins par le mensonge que par l'omission, par le silence. Cette censure témoigne, également, d'un changement idéologique à droite. Jusque-là, parmi la vieille garde gaulliste, le libéralisme n'était pas en odeur de sainteté. Mais cette branche historique s'est affaiblie, des libéraux orthodoxes l'ont remplacée, tant dans les partis de droite que dans la presse de droite.

AMIENS, MERCREDI 8 FÉVRIER 2008
OÙ DONC ?

Je craignais qu'il chipote sur la moindre virgule, qu'il se montre scientifiquement sourcilleux, que le texte fasse cent allers-retours. Mais non. Au contraire.

Maurice Allais m'a appelé, « ravi », « enchanté », « jamais on a respecté ainsi mes idées », etc.

Il m'a donné son quitus pour une publication. Mais où ? *Le Monde diplo* ne prend pas d'intervious. Les autres n'en voudront jamais…

EN KIOSQUES, MARDI 21 AVRIL 2009
ENFIN…

Et voilà comment le seul entretien avec le seul prix Nobel français d'économie a terminé dans *Fakir*…

ENTRETIEN AVEC LE PROFESSEUR MAURICE ALLAIS, PRIX NOBEL D'ÉCONOMIE

CONTRE LE MONDIALISME, VIVE LE PROTECTIONNISME ?

Monsieur Maurice Allais, vous êtes rangé parmi les économistes libéraux. Vous vous réclamez, je pense, de ce courant. Votre nom est régulièrement associé – à tort ou à raison – à ceux de Friedrich Hayek ou de Milton Friedman. Et pourtant, depuis une quinzaine d'années maintenant, vous menez – je vous cite – « le combat passionné d'un homme de science contre la mondialisation »...

MAURICE ALLAIS : L'idéologie que j'appelle « libre-échangiste mondialiste » a déjà fait d'innombrables victimes dans le monde entier. Pour une raison simple, empiriquement vérifiée : la mondialisation généralisée des échanges, entre des pays caractérisés par des niveaux de salaires très différents, entraîne finalement partout, dans les pays développés comme dans les pays sous-développés, chômage, réduction de la croissance, inégalités, misères de toutes sortes. Or cette mondialisation n'est ni inévitable, ni nécessaire, ni souhaitable.

D'où vous vient cette conviction ?

M. A. : Cette certitude naît d'une simple observation, ce que je nomme « la cassure de 1974 ».

Sur la période 1974-1997, le taux de chômage au sens du BIT est passé de 2,84 % à 12,45 %, soit un accroissement de 1 à 4,4. De même, le taux de sous-emploi est passé de 3,39 % à 23,6 %, soit un accroissement de 1 à 7. Or, à partir de graphiques, d'analyses statistiques, on doit relier cette crise de l'emploi à un changement brutal intervenu en 1974.

Entre 1955 et 1974, les effectifs dans l'industrie s'étaient accrus d'environ un million, soit 50 000 par an – avec un pourcentage d'emplois industriels dans la population active qui restait constant et stable, aux alentours de 28 %. Entre 1974 et 1993, en revanche, ces effectifs ont décru d'environ 1 700 000, soit 90 000 par an – et le taux d'emplois industriels a fortement diminué, de 28 % à 17 %.

Vous parlez de l'industrie. Mais on est passé, désormais, à une « économie de services »…

M. A. : Qui envisagerait comme un objectif raisonnable pour la France une destruction progressive de son industrie, même compensée par un développement massif des activités du commerce et du tourisme ? Quand on examine l'histoire des civilisations, aucune d'entre elles n'a pu exister ou survivre que dans la mesure où elle s'appuyait sur une industrie.

Mais quel lien faites-vous entre cette cassure, cette casse de l'industrie, et la mondialisation ?

M. A. : Certains prétendent expliquer la cassure de 1974 par le choc pétrolier, ou par les incidences des accords de Grenelle en mai 1968, ou par le remplacement du SMIG par le SMIC. Mais, en fait, une seule cause peut et doit être considérée comme le facteur majeur et déterminant des différences constatées entre avant 1974 et après 1974 : la libéralisation des échanges extérieurs par l'Organisation de Bruxelles.

Dans un tel contexte, plus les minima de salaires sont élevés et plus les importations en provenance des pays à bas salaires sont favorisées. Or ces pays représentent aujourd'hui des milliards d'hommes. Leur compétition dans un monde de libre-échange ne peut qu'entraîner, inexorablement, dans les pays développés, un nivellement des salaires par le bas et une explosion du sous-emploi.

Cette opinion relève du sens commun, et elle apparaîtra aux lecteurs comme une banalité. Mais il n'y a pire aveugle que celui qui ne veut pas voir. Il n'y a pire sourd que celui qui ne veut pas entendre. Et tel semble bien être, aujourd'hui, le comportement des dirigeants – politiques, économiques, médiatiques : ils ne veulent ni voir ni entendre.

Que des secteurs industriels, hier la sidérurgie, le textile, la plasturgie, aujourd'hui la métallurgie, la chimie, disparaissent à cause des pays à bas coût de main-d'œuvre, soit. Mais, dans le même temps, on exporte davantage aussi…

M. A. : Naturellement, ces importations sont compensées *en valeur* par des exportations. Mais, globalement, des emplois sont détruits à cause de la structure très différente des importations et des exportations : dans les produits qu'on importe se trouve beaucoup de travail peu qualifié, tandis que dans les produits qu'on exporte se trouve peu de travail très qualifié. La balance commerciale est indépendante de la balance sociale.

Vous dites : « Plus les minima de salaires sont élevés et plus les importations en provenance des pays à bas salaires sont favorisées. » Pour conserver des emplois peu qualifiés, il faudrait, alors, diminuer le coût du travail ?

M. A. : On nous le répète. On nous dit par exemple que tout est très simple : si l'on veut supprimer le chômage, il suffit d'abaisser les salaires. Mais personne ne nous dit quelle devrait être l'ampleur de cette baisse, ni si elle serait effectivement réalisable sans mettre en cause la paix sociale. Que depuis tant d'années de grandes organisations internationales comme l'OCDE, l'OMC, le FMI ou la Banque mondiale puissent préconiser une telle solution est tout simplement atterrant.

On aperçoit alors l'impasse. La mondialisation des échanges mène soit à un chômage accru s'il y a rigidité des salaires, soit à une inégalité accrue s'il y a flexibilité des salaires.

Cette mondialisation, en même temps, elle profite à tous. Il suffit de remplir son chariot au supermarché…

M. A. : C'est vrai. Les partisans du libre-échange soulignent que, grâce aux délocalisations et aux importations en provenance des pays à bas salaires, jamais les prix dans les hypermarchés n'ont été aussi bas. Mais c'est oublier que les consommateurs ne sont pas seulement des acheteurs. Ils sont également des producteurs qui gagnent leur vie et qui paient des impôts.

En tant que consommateurs, ils peuvent acheter des produits meilleur marché. Mais, pour ces consommateurs, la contrepartie réelle de ces importations à bas prix est finalement la perte de leur emploi ou la baisse de leurs salaires, et des impôts accrus pour couvrir le coût social du chômage et de la politique de l'emploi.

C'est également oublier que les consommateurs sont aussi des citoyens habitant dans les agglomérations urbaines et que, au fur et à mesure que le chômage et la pauvreté générés par la mondialisation augmentent, l'insécurité et l'instabilité des banlieues s'accroissent.

On voit alors que les effets de cette idéologie libre-échangiste, aussi funeste qu'erronée, ne se bornent pas au développement massif du sous-emploi. Ils se sont traduits également par un accroissement des inégalités, par une destruction progressive du tissu industriel français, par un déséquilibre de toute la société.

Cette invocation du « consommateur », de son bénéfice supposé, sert à masquer d'autres intérêts. Car les groupes dirigeants de l'économie sont devenus de plus en plus riches alors que les pauvres sont devenus de plus en plus pauvres.

Comment expliquer, alors, que cette « idéologie libre-échangiste erronée » domine tant ? Que rares soient les intellectuels, et encore plus rares les économistes, à la dénoncer ?

M. A. : Une citation de Wells pourrait suffire : « Cette coutume qu'ont les hommes de se refuser à émettre des jugements critiques sur les points fondamentaux est un des plus grands dangers qui menacent, d'une façon générale, les facultés humaines de compréhension. »

Toute la construction européenne et *tous* les traités relatifs à l'économie internationale (l'Accord général sur les tarifs douaniers et le commerce, la Convention relative à l'Organisation de coopération et de développement économique, etc.) ont été viciés à leur base par une proposition enseignée et admise sans discussion dans toutes les universités américaines – et à leur suite dans toutes les universités du monde entier : « Le fonctionnement libre et spontané des marchés conduit à une allocation optimale des ressources. »

C'est là l'origine et le fondement de toute la doctrine libre-échangiste. Son application aveugle et sans réserve à l'échelle mondiale n'a fait qu'engendrer partout désordres et misères.

On pourrait conclure avec une autre citation, de Keynes cette fois : « Les idées exprimées ici sont extrêmement simples et devraient être évidentes. La difficulté n'est pas de comprendre les idées nouvelles, elle est d'échapper aux idées anciennes qui ont poussé leurs ramifications dans tous les recoins de l'esprit des personnes ayant reçu la même formation que la plupart d'entre nous. »

Mais à quelles « idées nouvelles », par exemple, vous songez ?

M. A. : Au protectionnisme, qui n'est pas une idée ancienne, mais neuve.

Le protectionnisme est généralement associé à l'isolationnisme, au nationalisme, à l'autarcie…

M. A. : D'abord, une libéralisation totale des échanges et des mouvements de capitaux ne me paraît possible, souhaitable, que dans le cadre d'ensembles régionaux groupant des pays au développement économique et social comparable.

Ensuite, pour toute organisation régionale – et je pense bien sûr ici à l'Europe –, le choix n'est pas entre l'absence de toute protection et un protectionnisme isolant totalement l'économie de l'extérieur. Il est dans la recherche d'un système qui permette de bénéficier d'une concurrence effective et des avantages de nombreux échanges avec l'extérieur, mais qui protège également l'économie communautaire contre tous les désordres et les dysfonctionnements qui caractérisent chaque jour l'économie mondiale.

Concrètement, comment vous imaginez cela ?

M. A. : Un objectif raisonnable serait que, par des mesures appropriées et pour chaque produit ou groupe de produits, un pourcentage minimal de la consommation communautaire soit assuré par la production communautaire. La valeur moyenne de ce pourcentage pourrait être de 80 %. C'est là, au regard de la situation actuelle, une disposition fondamentalement libérale.

On vous traitera d'utopiste, ou de fou, tellement vous allez a contrario du fonctionnement des institutions internationales !

M. A. : Tôt ou tard, les faits finiront par l'emporter, mais probablement dans les plus mauvaises conditions. Plus on attendra et plus les obstacles seront difficiles à surmonter.

Il faut, de toute nécessité, remettre en cause les politiques mises en œuvre par l'Organisation mondiale du commerce (OMC). Et il est nécessaire de réviser les traités fondateurs de l'Union européenne, tout particulièrement quant à l'instauration d'une préférence communautaire. La politique commerciale de Bruxelles a peu à peu dérivé vers une politique mondialiste libre-échangiste, contradictoire avec l'idée même de la constitution d'une véritable Communauté européenne. Cette hâte pour réaliser une Europe mal définie, sans institutions appropriées, sans objectifs précis, est fondamentalement malsaine. Elle ne peut que mener à des situations économiquement et politiquement intenables.

Hayek lui-même l'énonçait au sortir de la Seconde Guerre mondiale : « Rien n'a sans doute tant nui à la cause libérale que l'insistance butée de certains libéraux sur certains principes massifs, comme avant tout la règle du laisser-faire. »

Vous dénoncez le « libre-échangisme », ou le « mondialisme », et votre recours au « -isme » signale une idéologie, à la fois forgée par des intellectuels et qui devient réalité grâce à une volonté politique. En général, on parle plutôt de « mondialisation », et ça apparaît alors comme une fatalité. Comme la loi de la gravité, ou comme la pluie, on ne peut pas lutter contre la « mondialisation »…

M. A. : L'histoire n'est pas écrite, et je ne vois dans ce processus aucune fatalité. C'est en fait de l'évolution des opinions publiques, du poids relatif des forces politiques que dépendent les changements de politique réalistes qui nous sauveront du désastre et détermineront notre avenir.

Et si j'insiste sur le « -isme », c'est que je dresse un parallèle. Les perversions du socialisme ont entraîné l'effondrement des sociétés de l'Est. Mais les perversions laisser-fairistes mènent à l'effondrement des sociétés occidentales.

En réalité, l'économie mondialiste qu'on nous présente comme une panacée ne connaît qu'un seul critère, l'« argent ». Elle n'a qu'un seul culte, l'« argent ». Dépourvue de toute considération éthique, elle ne peut que se détruire elle-même.

3

RÈGLES
LOI D'AIRAIN : « TOUJOURS MOINS ! »

VALENCE, JEUDI 28 JANVIER 2010
LA TRAPPE

« Pour améliorer la compétitivité de la filière, nous avons un problème de coût du travail. »

Je suivais Bruno Le Maire, le ministre de l'Agriculture, en déplacement aujourd'hui à Valence, au congrès de la FNPF – la Fédération nationale des producteurs de fruits et légumes. Par curiosité. Parce que le mois dernier, au micro de France Inter, on aurait cru entendre un syndicaliste de la Confédération paysanne : « Je veux insister sur le fait que l'agriculture, comme l'industrie, est délocalisable. Si nous n'y prenons pas garde, nous verrons les exploitations fermer. Ces exploitations-là ne rouvriront pas. Ce n'est pas donné que, dans dix ou vingt ans, nous continuerons à produire des tomates, des pommes de terre, des fruits en France. Tout cela, c'est un choix politique. »

Puis il s'emportait contre la concurrence internationale : « Ce n'est pas normal d'avoir des pommes du Chili qui se déversent par milliers de tonnes en France et dans le reste de l'Europe, alors que nous produisons ces pommes près de chez nous. Est-ce qu'il ne serait pas plus intelligent de mettre sur pied des circuits courts ? Je donne juste un chiffre : aujourd'hui, chaque produit agricole dans le monde parcourt en moyenne 2 500 kilomètres. Est-ce que c'est vraiment raisonnable ? »

Venait même un couplet sur le méchant marché : « On est allés beaucoup trop loin dans la libéralisation de ce marché-là. En Europe, nous sommes les champions d'un libre-échange sans règles, sans contrôle, qui à mon sens est allé beaucoup trop loin et mérite d'être revisité. »

J'avais apprécié ce constat, lucide et iconoclaste. Ce midi encore, il le répétait devant les agriculteurs réunis : « Ma réflexion est très simple : on ne peut pas être dans un marché unique et avoir des règles différentes, en termes de droit du travail ou en termes environnementaux. Sinon, personne ne peut s'en sortir. »

Mais quelles solutions a-t-il évoquées, ce midi, devant les agriculteurs réunis ?

Une rupture avec ce libre-échange ?

Au contraire, il s'adapte – via le dumping salarial : « Nous allons faire passer le coût du travail occasionnel de 11,32 € de l'heure à 9,29 €. » Pas de quoi rattraper l'Espagne, néanmoins, à 7 € théoriques de l'heure (mais avec des Marocains, des Roumains, des Péruviens, etc., œuvrant pour bien moins), ni même concurrencer l'Allemagne, qui, dépourvue de SMIC, paie ses saisonniers au tarif du pays d'origine. « Cet effort sans précédent, poursuit le ministre, à la charge de l'État, passera par l'allègement des cotisations de Sécurité sociale, avec la prise en charge à 100 % des cotisations maladie, vieillesse, famille, 100 % des cotisations médecine du travail, 100 % aussi des cotisations dites conventionnelles, je pense à la retraite complémentaire et à la formation professionnelle. Vous êtes la seule filière économique en France à bénéficier des exonérations à 100 %. »

En retrait sur l'estrade, à la gauche du ministre, Régis Aubenas n'approuve pas.

Il est responsable, lui, de la section Fruits et légumes de la FDSEA (Fédération départementale des syndicats d'exploitants agricoles) pour la Drôme – et il portait une autre tenue quand on l'a rencontré, avec Pierre, sur son exploitation de Châteauneuf-sur-Isère : un « vert de travail », avec un bonnet rouge vissé sur les oreilles.

« J'ai fait 75 000 € de déficit cette année, il expliquait. Si je fais pareil en 2010, c'est fini, je mets la clé sous la porte. Ça n'en ferait qu'un de plus : en quinze ans, dans le département, on a quasiment divisé par deux la surface des vergers.

– Mais pourquoi ? Les Français n'aiment plus les pêches ?

– Si, on bat même des records de consommation. Mais on est dans un marché européen, maintenant, c'est la course au moins-disant. Les pêches viennent d'Espagne, où les contraintes sociales et environnementales sont moindres, et c'est l'Espagne qui impose le prix. Je produis à 1,10 € le kilo, et la grande distribution me les achète à 89 centimes. C'est le prix du marché. »

Au milieu de ses cageots, à côté de son tracteur, sous le hangar, il s'est lancé dans une analyse idéologique :

« Y a un type qui s'appelle Friedman, Milton de son prénom, il a fondé l'École de Chicago, et ses théories économiques ont été adoptées d'abord en Amérique, dans les années 70.

– Donc vous faites le lien entre Friedman et vos pêchers ?

– Oui, et il est extrêmement simple. J'habite un pays qui s'appelle la France, qui appartient à l'Union européenne, avec des décideurs politiques qui s'appuient sur des idées : en Europe, c'est Thatcher à partir de 85, c'est Delors avec la concurrence libre et non faussée. Je me souviens, c'était en 96, on avait fait un voyage à Bruxelles, on avait rencontré des fonctionnaires qui préparaient la réforme de la PAC : ils nous avaient prédit la fin des quotas, la fin des subventions sur les céréales, la fin de tous les mécanismes d'intervention. En 96, ils étaient en train d'écrire, en fait, ce qui va se passer en 2013. On avait vu des chefs de service, le mec du lait, ils nous avaient dit : "Voilà, c'est ça." Nous, on n'y croyait pas. Mais y a là-bas une armée de types calés sur Friedman : aucune régulation, la main invisible du marché. »

Une fois dans sa cuisine, Régis lâche le gros mot qui fâche : « On a une protection sociale en France, les citoyens semblent y être attachés, pourquoi on n'aurait pas une protection économique ? Pourquoi on va laisser perdre les emplois ? Pourquoi on va laisser augmenter le chômage de masse ? »

C'est comme si – je théorise – deux FNSEA coexistaient. D'un côté, les gros céréaliers, les betteraviers, les éleveurs de porcs, etc., rattachés à l'industrie agroalimentaire, qui gèrent seuls ou presque leur immense exploitation mais consomment beaucoup de capitaux (pour les terres, les produits chimiques, le matériel performant, l'irrigation) : compétitifs sur le marché mondial, eux se montrent libre-échangistes – pour écouler au meilleur prix leur stock sur tous les continents. Et ce sont eux, bien sûr, qui dirigent l'organisation, qui tiennent la main du ministère de l'Agriculture. De l'autre côté, dominés, ces arboriculteurs, ces producteurs d'asperges (60 % de surface perdue en dix ans), de fraises (idem, 30 000 emplois éliminés), de concombres (d'ici deux ans, d'après l'UE, les importations en provenance du Maroc vont tripler), autant de métiers plus difficilement mécanisables, qui recourent encore à pas mal de main-d'œuvre, qui cherchent juste à se maintenir sur le marché national – et qui, pour ça, réclament des protections. Ou alors qu'on pulvérise le droit du travail : illégalement via les sans-papiers, ou légalement via les contrats OMI – Office des migrations internationales. Manière de rendre la concurrence libre et moins faussée…

« Je vais lui dire tout ça, à Le Maire, bien sûr. Je vais lui dire que ses exonérations de cotisations sociales, on va les prendre, mais ça ne règle rien au problème. Tant qu'on ne dit pas merde à l'OMC, merde au dogme du libre-échange, ce sera juste de l'argent foutu en l'air. Et voilà comment on creuse le trou de la Sécu. »

Finalement, Régis se tient bien, à la tribune : il ne crie pas « merde » derrière le ministre…

Quant à Bruno Le Maire, il poursuit sur sa lancée : après le dumping social, l'environnemental. « Autre aspect essentiel pour la compétitivité, annonce-t-il, l'impact économique des contraintes environnementales pour le producteur. Lorsqu'on décide de supprimer un certain nombre de phytosanitaires, quelles conséquences économiques pour la filière concernée ? Lorsqu'on décide d'élargir les bandes enherbées, quelles conséquences économiques pour la filière concernée ? Est-ce que la mesure est bien mise en place au même niveau par nos voisins européens dans l'ensemble des pays européens ? Parce que je ne vois pas pourquoi, systématiquement, nous serions toujours les bons élèves pendant que les mauvais élèves, au fond de la classe, ne respectent pas les mêmes contraintes. » Et Almeria, en Espagne, avec ses pesticides sous serre, montre la voie de la compétitivité…

C'est un symbole, pour moi, cette séquence : nous sommes dans la trappe. Ce dirigeant pose les bonnes questions, détient même les bonnes réponses, mais il tremble devant elles, n'ose pas les prononcer, encore moins les réaliser. Et sa pensée, originale, débouche sur quoi ? Sur une politique banale. La même que tous les autres : des coups de rabot – sur les conquêtes sociales, sur les mesures environnementales, sur la justice fiscale. Il rejoint la longue cohorte des « Toujours moins ! ».

AMIENS, LUNDI 21 FÉVRIER 2011
LES « TOUJOURS MOINS ! »

Les économistes, les experts, les benchmarkers, les conseillers n'arrêtent jamais. Telle la houle qui, marée après marée, grignote les falaises, eux érodent les salaires, rapport après rapport :

« DÉCISION FONDAMENTALE N° 11
Réduire le coût du travail pour toutes les entreprises. »

Jacques Attali énonce ça, d'un trait de plume, dans son rapport sur la « libération de la croissance française » : « Dans un monde ouvert et mouvant », il faut procéder aux « adaptations permanentes qu'impose ce monde ouvert et mouvant » (il ne craint pas les redites). À savoir, en priorité, « la réduction du coût du travail et la simplification des règles de l'emploi ».

Sans grand bruit, mais on y parvient :

« SMIC : les groupes d'experts se prononcent contre un coup de pouce. » Ces conseillers ont fait preuve de sagesse : « Sauf surprise, 2011 devrait être la cinquième année consécutive sans coup de pouce gouvernemental, option écartée par Nicolas Sarkozy depuis son élection à la présidence de la République en 2007 » (Les Échos, 1er décembre 2010).

J'avais relevé ça, en 2007 justement, dans *Actualités de l'UIMM* : « De nombreuses années de modération salariale sont nécessaires pour rétablir la compétitivité de la production réalisée sur le territoire national », prévenaient les patrons de la métallurgie. Et sur quelle bonne raison économique s'appuyaient-ils ? Sur la concurrence internationale, bien sûr : geler le SMIC, « cette décision s'imposait compte tenu du niveau atteint par le salaire minimum. [...] Dans l'industrie manufacturière, le coût horaire moyen français atteint 31,80 € en regard de 31,6 € en Allemagne et de 27,3 € dans la zone euro. La supériorité par rapport à la moyenne de la zone euro est de l'ordre de 16,5 % ». Autant à raboter.

Eux, au moins, peuvent être satisfaits.

Eh bien, non : satisfaits, ils ne le sont pas.

Ils en veulent plus, toujours plus :

« L'institut Coe-Rexecode a remis à Éric Besson, ministre de l'Industrie, un énième rapport sur l'écart de compétitivité entre les deux pays. On y lit qu'"il ne fait aucun doute que le coût de l'heure de travail a augmenté plus rapidement en France qu'en Allemagne depuis dix ans, et qu'il s'établit, aujourd'hui, au moins au niveau du coût allemand et plus probablement au-dessus" » (20 janvier 2011). Français, encore un effort...

Jusqu'ici, la déflation salariale restait un peu anarchique.

D'accord, compare *Le Monde*, « déjà en 2009, les fonctionnaires irlandais avaient vu baisser leur rémunération de 7,5 % en moyenne, et les Lettons de quelque 17 %. Au Portugal, il s'agit d'un gel des salaires du secteur public. Les retraites aussi sont la cible d'économies. Et en Grèce, il faut revoir un salaire minimum de 727 euros qui est bas, certes, mais qui suscite un chômage massif de 27,8 % chez les jeunes ». Une « mise à la diète des ménages » parce que, on s'en doute, ces pays « pâtissent d'une grande perte de compétitivité », parce que des « réformes structurelles amélioreraient la compétitivité des pays », parce que « la modération salariale renforce [la] compétitivité » du pays, etc. (6 mars 2010).

Tout ça se faisait sans harmonie, un peu dans la confusion.

L'Allemagne, épaulée par la France, a décidé d'y mettre bon ordre : désormais, le dumping se fera, oui, mais de façon synchronisée, organisée, encadrée. Et comment va s'appeler ce joli programme, devinez un peu ? Le « pacte de compétitivité », bien sûr. « Y figurent la politique salariale ; l'âge de la retraite ; la flexibilité du marché du travail. » Et pour atteindre quel but ? « Il s'agit d'améliorer la compétitivité des pays les plus fragiles, mais aussi celle de l'ensemble de la zone », commente – avec enthousiasme – l'Élysée (*Le Monde*, 4 février 2011).

Augmenter les salaires ?

« Ce serait la dernière bêtise à faire. » Jean-Claude Trichet, le président de la Banque centrale européenne, décrétait ça, ce matin, sur Europe 1. Et il invitait plutôt les pays à « maîtriser leurs coûts ».

On croirait des vigies scrutant l'horizon du haut de leur mirador, sortant leur revolver verbal à la moindre incartade, tirant le signal d'alarme au moindre dérapage salarial. Mais qui verrait, dans tous ces avertissements, une guerre menée par le Capital contre le Travail ? Ou au moins des escarmouches ? Non, elles paraissent neutres, toutes ces préconisations, juste pour le « bon fonctionnement de l'économie », pour « ne pas enrayer la machine ».

La « bonne nouvelle » est pourtant tombée le mois dernier, en une des *Échos* : « Les entreprises de l'indice CAC 40 devraient verser presque 40 milliards d'euros de dividendes au titre de l'exercice 2010, selon le consensus des analystes financiers. Un chiffre en progression de 13 %. Alors que les entreprises ont reconstitué leur cash et dans une certaine mesure leurs bénéfices, elles se remettent à avoir des politiques plus généreuses en faveur des actionnaires. » Et la fête ne fait que commencer : « Nouvelle progression attendue l'an prochain, à 43 milliards d'euros » (7 janvier 2011).

Aucun des gardiens du temple économique, ni à Paris, ni à Berlin, ni à Bruxelles, n'a protesté contre cette « perte de compétitivité » pour les entreprises. Aucun rapport n'a préconisé de « réduire le coût du capital ». Aucun institut n'a calculé que « le coût de l'actionnaire français est plus élevé de 17,3 % que celui d'un actionnaire allemand ».

Le « monde ouvert et mouvant » mène sa bataille à sens unique.

PALAIS DE L'ÉLYSÉE (PARIS), LUNDI 12 JUILLET 2010
PRAGMATISME FISCAL

« Augmenter les impôts, je m'y refuse totalement. » Nicolas Sarkozy intervenait, ce soir, sur France 2 – et, comme toujours, il a « fait preuve de pragmatisme » : « Si nous continuons cette marche folle vers l'augmentation des impôts, à ce moment-là nous n'aurons plus d'entreprises en France. La France doit être compétitive. En 1997, tenez-vous bien, les socialistes allemands ont supprimé l'impôt sur la fortune en Allemagne. Pourquoi l'ont-ils fait ? Parce qu'ils ont compris une chose : que s'il n'y a plus de capital en Allemagne, il n'y a plus d'entreprises. Mieux que ça : en 2008, les socialistes espagnols – les socialistes ! Monsieur Zapatero ! – ont supprimé l'impôt sur la fortune en Espagne. Parce qu'ils ont compris une chose : c'est que si personne, plus personne n'a d'argent en Espagne, ça ne fera pas l'affaire des plus pauvres en Espagne. »

On croirait un mauvais remake.

Y a un an, à peu près, il déclarait ça :

« Je ne peux pas dire aux actionnaires : "Ne délocalisez plus, relocalisez", et en même temps leur laisser des charges et des contraintes qui font qu'ils ne s'en sortiront plus. Pour construire la même voiture en République tchèque, qui est aussi membre de l'Union, et en France, il y a une différence de 1 000 €. Et sur ces 1 000 €, un tiers représente la taxe professionnelle, qui est une taxe qui n'existe nulle part ailleurs en Europe. Je vous l'annonce, je vais supprimer la taxe professionnelle en 2010, parce que je veux garder les entreprises en France. »

Il le fait avec son style à lui, à la Louis-de-Funès-roi-du-monde, caricatural dans son rôle de serviteur des riches – et, évidemment, ce président agace. Mais ses choix fiscaux le dépassent très largement. Ils valent pour tout le continent, et pour tous nos gouvernants depuis plus de vingt ans.

Mardi dernier, au Syndicat national unifié des impôts (SNUI), je me suis tapé les taux d'imposition, année après année, dans *Le Guide du contribuable*. Tout ça pour établir ce graphique :

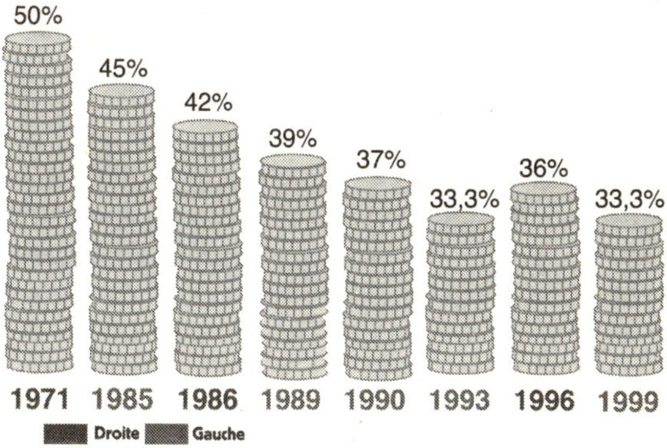

Ça n'a l'air de rien, mais chaque fois qu'on descend d'une marche ce sont des dizaines de milliards qui s'évaporent. Demeure cette interrogation : comment est-on passé de 50 % en 1971 (sous la droite, donc) à 33,3 % en 1993 (sous la gauche) ?

Le lendemain, à la documentation de Radio France, je me suis plongé dans des vieux dossiers, épluchant des milliers de photocopies, triant trois tonnes d'archives, comme un chercheur d'or passerait des cailloux dans son tamis – et j'ai trouvé quelques pépites, il me semble, des pièces d'histoire oubliées.

Un article des *Échos*, d'abord, daté du 13 septembre 1991 : « Le coût de la baisse des taux de l'impôt sur les sociétés est énorme puisqu'il est estimé à 13 milliards de francs. » À l'automne 1991, la presse financière est stupéfaite de l'offrande que la « gauche » s'apprête à faire au patronat : « Cette mesure, qui coûtera à l'État 7,7 milliards de francs en 1993, est un cadeau fiscal aux entreprises, mais également à leurs actionnaires », s'étonne *La Tribune* (22 octobre 1991).

Dans quelle France est prise cette décision ? Dans un pays à la croissance radieuse, à l'État généreux, aux caisses débordantes ? Pas vraiment. En 1991, « le gouvernement affirme sans cesse qu'il faut des réductions budgétaires » (déjà !). Il opte pour un « prélèvement de 0,9 % des cotisations sociales, l'augmentation du forfait hospitalier, les mini-augmentations de salaire » (*L'Humanité*, 27 août 1991). Mieux : l'« État continue de racler les fonds de tiroir pour boucler le budget », notamment en soutirant « 500 millions de francs sur les bénéfices d'EDF » (*Le Quotidien de Paris*, 18 octobre 1991). Bref, pour à peu près tout, à l'époque, le refrain revient : « Il n'y a pas d'argent dans les caisses. » Pour tout, sauf pour « muscler les entreprises françaises au moyen d'allègements fiscaux conséquents » (*La Tribune*, 26 août 1991).

Que se passe-t-il alors ? Depuis 1971, sous la droite, la France de Valéry Giscard d'Estaing, même celle de Georges Pompidou, ses patrons, ses entreprises, ses actionnaires avaient parfaitement supporté un impôt sur les bénéfices de 50 %. Et voilà que, sous la gauche, la France de François Mitterrand ne tolère plus ce même taux ? Voilà qu'il convient de le raboter sans cesse – à 45 % (1985), à 42 % (en 1986), jusqu'à 33,3 %, donc ?

L'explication tient en trois mots : « marché unique européen ».

Comme le notent *Les Échos* : « Pressé par la perspective du grand marché de 1993, le gouvernement veut accélérer la réforme de l'impôt sur les sociétés. [...] Si le gouvernement modifie aujourd'hui sa philosophie et accélère la réforme, c'est essentiellement parce que le temps presse : le 1er janvier 1993, le marché unique européen devient une réalité. Il s'agit tout à la fois de mettre les entreprises en bonne position par rapport à leurs concurrentes – le taux moyen de l'impôt sur les sociétés est de 43 % en RFA, 35 % en Grande-Bretagne – et de favoriser les implantations étrangères en France » (26 août 1991).

Cette logique sévit depuis 1986, depuis la signature de l'Acte unique européen. Nous n'en sommes toujours pas sortis.

Au cours des années 90, cet impôt variera peu – et il demeure fixé à 33,3 %.

Du moins, le taux *affiché*.

Car s'y est ajouté un second mouvement, plus souterrain : discrètement, le taux *réel* a plongé.

C'est ainsi que les firmes du CAC 40 ne paient que 8 % d'impôt sur les sociétés. Les entreprises de plus de 2 000 salariés, 13 %. Contre 30 % pour les PME (*Le Monde*, 14 décembre 2009).

Pourquoi pareille injustice, pareille différence entre les « petites » et les « grosses » boîtes ? Pourquoi pareil fossé entre le taux réel et le taux affiché ? La faute, d'après *Le Monde*, aux « centres offshore » (autre nom pour « paradis fiscaux ») et à l'« optimisation fiscale » (autre nom pour « tricherie légale »). Grâce à leurs bataillons d'avocats, les multinationales situent leurs bénéfices dans des paradis fiscaux, installent leur siège aux Pays-Bas (comme EADS), où sont détaxées les plus-values, et échappent ainsi largement à l'impôt.

« Quel est notre souci ? expliquait François Fillon à Arlette Chabot. Notre souci, c'est qu'il reste, dans notre pays, des hommes et des femmes qui investissent… On parle beaucoup, au moment de la réforme des retraites, de taxer les riches, encore faut-il qu'il y en ait. Et donc, moi je préfère qu'il y en ait plus, pour qu'ils rapportent plus d'impôts, plutôt que de les faire partir par une fiscalité, hum, complètement confiscatoire par rapport aux autres pays de l'Union européenne. » Et d'ajouter, sans surprise : « Nous ne sommes pas dans un monde fermé. »

Cette ouverture offre, en fait, une « prime à la mobilité » : les firmes géantes, les fonds détenteurs de capitaux, voire les grandes fortunes cosmopolites, peuvent exercer un chantage permanent au départ. Tandis que les immobiles, avec un crédit sur la maison, attachés à leur village, ne risquent pas de partir – et, depuis vingt ans, on rehausse donc leurs impôts locaux…

SOLIDAIRES DOUANES (PARIS),
MARDI 6 JUILLET 2010
L'ÉCOLOGIE À L'ARRÊT

À côté du SNUI, les gars de « Solidaires Douanes » m'ont remis tout un dossier de presse sur la « taxe carbone ». Une « révolution verte », un « New Deal économique », une réforme aussi emblématique que « l'abolition de la peine de mort » : voilà ce que serait, Nicolas Sarkozy le proclamait, cette mesure. Mais bon, après réflexion, y avait un petit souci…

Toujours le même, à vrai dire.

L'UFIP, par exemple, l'Union française des industries pétrolières, juge cette idée « désastreuse » : « Appliquer une taxe carbone aux raffineries françaises en plus des quotas CO_2 européens aurait des conséquences désastreuses sur la compétitivité d'un secteur fortement menacé. » L'ADEME, l'Agence de l'environnement et de la maîtrise de l'énergie, estime, elle aussi, que cette mesure « fragiliserait l'existence d'une centaine de sites industriels sur les 1 018 potentiellement appelés à payer la taxe carbone » (*BIP. Bulletin de l'industrie pétrolière*, 7 janvier 2010).

Du coup, le président a remballé son beau projet : « Nous n'imposerons pas à nos industriels des contraintes si, dans le même temps, on autorise les importations venant de pays qui ne respectent aucune des règles environnementales et inondent nos marchés. » C'était prévisible. Et logique. D'où la conversion en une « taxe carbone aux frontières de l'Union européenne » – aussitôt désavouée par le commissaire européen au Commerce, Karel De Gucht : « Je ne suis pas pour », répondait-il. Lui préconisait plutôt, on s'en doute, « une approche politique ferme, mais aussi à la fois qui s'entend avec les lois du marché ».

La « contrainte extérieure » ne s'exerce pas seulement contre le progrès social, ou fiscal, mais aussi contre le progrès écologique.

À la fin du dossier de presse se trouvait la motion de Solidaires Douanes. Pas encore votée, mais que ces syndiqués proposeront à leur congrès, cet été, à Chalès – et qui montre une saine lucidité :

« Paradoxalement, les motifs invoqués par le gouvernement pour retirer la taxe carbone sont, pour Solidaires Douanes, fondés. En effet, la mise en place d'une TC sur le seul territoire national allait de manière certaine entraîner un effet pervers de dumping environnemental, tant à l'intérieur de l'UE qu'à ses frontières extérieures. La France aurait donc eu à subir, en plus du dumping social qui a causé l'effondrement de l'activité industrielle, un dumping lié à la fiscalité écologique.

« Plutôt que de renoncer à la mise en place de dispositifs nécessaires à la survie même de la planète, Solidaires Douanes considère qu'une TC européenne, doublée d'une TC aux frontières de l'Union sur le contenu carbone des produits importés, s'impose rapidement.

« Pour cela, le gouvernement et la Commission européenne doivent renoncer au dogme du marché libre et accepter qu'un retour au protectionnisme s'impose pour remplir des objectifs devenus incontournables. La France ne sera jamais compétitive en termes environnementaux et sociaux par rapport à la Chine. À moins de considérer que les normes de ce pays constituent un modèle à atteindre (pour un même produit, sa production en Chine génère quatre fois plus d'émissions de GES [gaz à effet de serre] que sa production en Europe). »

Je la voterais des deux mains, moi, cette motion – qui désigne, me semble-t-il, la racine du mal. Façon de s'y attaquer par les mots, d'abord, avant les actes.

AMIENS, VENDREDI 7 JANVIER 2011
TRAVAILLER PLUS…

C'est une étude publiée en Grande-Bretagne par la très officielle Sustainable Development Commission. Dans ce rapport pour une « transition vers une économie durable », Tim Jackson conclut : « La réduction du temps de travail est l'intervention politique clé qui empêche le chômage de masse […] tout en restant à l'intérieur des limites écologiques. » Pour l'environnement, et pour sortir du productivisme/consumérisme, voilà qui paraît à ce professeur être la mesure phare. Mais quelle place, justement, reste-t-il pour l'« intervention politique » quand les marchés exigent tous les gains de productivité ? Quand on nous répète que les Américains, les Chinois, les Roumains, les Allemands travaillent plus et pour moins cher ?

Ainsi, ce matin – le même jour ! –, alors que *Les Échos* applaudissent le « CAC 40 [qui] distribuera des dividendes record en 2011 », voilà que le secrétaire général de l'UMP, Jean-François Copé – secondé par Manuel Valls, le traître en chef du PS –, lance une nouvelle bataille : « On a ouvert une brèche avec les retraites, il faut en ouvrir une deuxième avec le temps de travail. » Et pour quelle raison ? Parce que c'est « la clé de la compétitivité » : « Il n'aura échappé à personne que toutes les économies du monde ont été frappées par une crise extrêmement violente. Face à cela, nous ne pouvons pas rester sans réaction ! Comment vouloir réfléchir à la compétitivité de la France, de nos entreprises, si on ne pose pas la question du temps de travail dans notre pays ? »

Il fallait travailler encore plus, « crise » oblige.

À chaque crise, pourtant, c'est par l'inverse qu'on a répondu.

Après la crise des crises, déjà, 1929. C'est la « semaine de 30 heures » que propose, au Congrès, le 21 décembre 1932, le sénateur de l'Alabama Hugo Black. Avec le bâton : si les entreprises ne respectent pas ces règles, leurs marchandises ne pourront pas « transiter d'un État à l'autre ». Et Black n'a rien d'un hurluberlu isolé : au Sénat, les élus votent pour sa proposition par 55 voix contre 30. L'AFL, le principal syndicat américain, le soutient de tout son poids. Et le nouveau président, Franklin D. Roosevelt, l'appuie également… avant de se rétracter, sur le fil, face aux pressions de Wall Street, qui dénonce une « dictature étatique ».

De l'autre côté de l'Atlantique, cette réduction est aussi à l'ordre du jour : dans le cahier de revendications que, en novembre 1933, les « Marcheurs de la faim » remettent aux députés français, « la journée de 7 heures payées 8 et la semaine de 40 heures » figurent en bonne place. Voilà qui deviendra réalité, trois ans plus tard, grâce aux grèves du printemps 1936. Et ce n'est qu'une étape : John Maynard Keynes prédit alors que, « vers la fin de ce siècle, nous travaillerons 30 heures par semaine, sinon moins ».

La fin du siècle, justement, et à nouveau la crise. Dont on ne sort pas.

Quelles mesures prend, en 1981, le gouvernement socialiste de Pierre Mauroy ? Les 39 heures, la cinquième semaine de congés payés, la retraite à 60 ans, des préretraites qui se multiplient – façon de contrer le chômage. Mais – qui le croirait ? –, à l'automne 1983, dans les enquêtes d'opinion, une majorité de Français parient encore sur un nouvel abaissement... à 55 ans !

En 1993, l'économie plonge à nouveau – et le seuil des trois millions de chômeurs est franchi. Le président François Mitterrand s'avoue résigné : « Contre le chômage, on a tout essayé. » Tout ? Pas vraiment. La durée légale du travail n'a pas bougé depuis dix ans. Nombre de dirigeants plaident alors pour un nouvel abaissement.

Côté syndicats, c'est l'unanimité : « En l'an 2000, les 30 heures », prône Marc Blondel, de Force ouvrière. Les cadres de la CGT inscrivent la « semaine de quatre jours » à leur programme, idem pour la CFDT et la CFTC, et ce « sans réduction de salaire ». Au sein de la gauche très modérée, on approuve : « La semaine de quatre jours est un objectif urgent et responsable, estime Michel Rocard. Dans la boîte à outils antichômage, il n'y a pas d'instrument plus puissant. » Même à droite, Alain Juppé, alors Premier ministre, s'engage à « diminuer et mieux organiser le temps de travail ». L'idée gagne du terrain, jusqu'à une fraction plus progressiste du patronat : « Pour lutter contre le chômage, il faut réduire significativement la durée du travail, milite Antoine Riboud, PDG de Danone. Car, si vous la réduisez de quelques heures, la productivité absorbera la diminution des horaires. Il faut avoir la volonté de descendre à 32 heures, soit quatre jours par semaine. »

Ce courant de pensée ouvre la voie aux 35 heures – que bricolera Martine Aubry.

2010, maintenant.

Autre crise, et quelle crise ! Le cap des quatre millions de chômeurs est désormais franchi. Mais voilà que, à l'inverse de 1929, de 1981, de 1993, on ne songe pas à « réduire le temps de travail », mais à l'augmenter. Voilà qu'on l'augmente de fait, par tous les bouts : les heures supplémentaires encouragées (et défiscalisées), la retraite qui recule de deux années, l'ouverture des magasins le dimanche – seuls les congés payés, pour l'instant, n'ont pas été rognés. Voilà que, enfin, la gauche, ses partis n'aspirent plus aux 32 heures, à la semaine de quatre jours, ou moins encore. Et les syndicats, eux non plus, ne le revendiquent guère.

Il y en a, pourtant, du grain à moudre.

J'avais relevé cette donnée dans une étude de l'IRES – l'Institut de recherches économiques et sociales : en 1980, les revenus distribués en dividendes représentaient 4,2 % de la masse salariale, contre 12,9 % en 2008. Un triplement, donc, d'après ces chercheurs. On peut traduire cette statistique autrement, plus concrètement : en 1980, les salariés travaillaient 72 heures par an pour les actionnaires ; en 2008, c'est 189 heures. 117 heures sont ainsi à récupérer. Trois semaines et demie de congés en plus par an pour en revenir à la situation qui prévalait sous le – pas franchement léniniste – président Giscard d'Estaing…

Mais c'est l'inverse qui se produit : entre 1995 et 2005, dans l'Union européenne, le temps de travail a augmenté de 8 %. Et l'Europe craint pour sa « performance » : aux États-Unis, les horaires ont crû encore plus vite. C'est un mouvement historique qui s'est inversé.

Depuis le début de l'ère industrielle, l'histoire sociale n'est faite que de ça, de ces batailles pour que les gains de productivité, les machines plus rapides, ne se transforment pas qu'en revenus pour le capital, mais aussi en heures de liberté, de joie, d'émancipation, loin de l'usine ou des bureaux. Et, à chaque crise de surproduction, le mouvement ouvrier a répondu par ce cri : « Partage du travail ! » On se coupe aujourd'hui de cette tradition – à l'heure où, paradoxe, jamais une telle mesure n'a autant relevé de l'urgence. Et de l'évidence : devant la chronique d'une catastrophe écologique annoncée, le « Travailler plus pour produire plus pour consommer plus » témoigne d'une idiotie manifeste, et néanmoins mondialement proférée – à remplacer au plus vite par le « Consommer moins, répartir mieux ».

Aux politiques, il reste alors à passer des coups de rabot. Et à appeler ça du « courage ».

Ils en sont heureux, pour la plupart, dirigeants qui ne dirigent plus, auxiliaires volontaires de la résignation – et de la bourgeoisie financière. « Dans un monde ouvert, la France ne peut pas faire exception avec les 35 heures, la retraite à 60 ans et les régimes spéciaux qui n'existent pas ailleurs, assène Pierre Méhaignerie. À défaut, nous risquons le déclin. » On pourrait en faire des copier-coller. Dans son « adresse aux jeunes qui manifestent », Bernard Debré les prévient : « Le monde est ouvert et la compétition qui est devant vous sera impitoyable. »

À ce tarif-là, ça donnera peut-être envie à certains de le refermer, le « monde ouvert »…

INTELLO N° 3
FRÉDÉRIC LORDON :
« L'EXCITANT DEVENU POISON »

THÉÂTRE DEJAZET (PARIS), LUNDI 2 MAI 2011
MODÉRER L'ALCALOÏDE

« Je viens avec du lourd, Monsieur le président. »

Devant le « tribunal des condamnés d'avance », Frédéric Lordon s'approche de la barre, un DVD à la main : « L'Europe sociale passe par le oui. » Et de projeter sur grand écran un Dominique Strauss-Kahn solennel :

« Mes amis, mes chers compatriotes, le 29 mai nous aurons entre nos mains les fils de notre destin. Voulons-nous donner un début d'organisation à l'Europe ? Souhaitons-nous que nos valeurs soient les références de l'Europe ? Désirons-nous garantir nos droits sociaux ? Alors que l'Europe jusqu'à maintenant a surtout été une construction économique, une Europe de marchés, une Europe de marchands. Ce traité parle d'abord de l'organisation de l'Europe, c'est la première partie. Il parle ensuite de la Charte des droits fondamentaux, c'est la deuxième partie. Le reste, la troisième partie, c'est la vieille Europe, celle que nous garderons de toute façon. »

FRÉDÉRIC LORDON : Donc la partie III, de toute façon, on va se la cogner *ad æternam* – c'est ce que reconnaît Dominique Strauss-Kahn.

Alors, la concurrence libre et non faussée. Il n'est nul besoin d'avoir un sens aigu du paradoxe pour soutenir qu'il n'y a pas plus distordu que la concurrence non distordue à l'européenne. Car cette concurrence se limite à l'abolition des quotas et des droits de douane. C'est-à-dire qu'elle laisse jouer, de manière insidieuse, mais de la plus violente des façons, toutes les autres concurrences : est-ce que, lorsque l'Irlande attire les entreprises à elle avec un taux d'imposition sur les sociétés risible, ce n'est pas de la concurrence distordue ? Est-ce que, lorsque la Pologne refuse de porter des coûts environnementaux, et sans doute n'est-ce pas illégitime au stade où elle en est, alors que les autres pays s'en chargent, est-ce que ça n'est pas de la concurrence distordue ? Lorsque les Roumains ne veulent pas payer un État-providence, est-ce que ça n'est pas de la concurrence distordue ? Etc.

D'où ma thèse : c'est dans un certain degré de protectionnisme, et sélectif, qu'il faut chercher en fait la forme la plus équitable de concurrence, c'est-à-dire à l'exact opposé de ce que l'Union européenne promeut, et de ce que Monsieur Strauss-Kahn a soutenu.

L'avocat de DSK, Jean-Marc Daniel, un libéral authentique, a bien sûr sauté sur le mot :

JEAN-MARC DANIEL : Vous avez dit, ça m'a paru surprenant, que la concurrence était quelque chose de dangereux. Est-ce que vous êtes pour le protectionnisme, parce que là, je me réfère à ma bible, *La Flamme et la Cendre*, où dans un passage DSK explique bien que le protectionnisme, ça ne crée pas d'emplois, mais ça baisse le pouvoir d'achat des consommateurs… Et donc, est-ce que vous nous proposez, comme acte révolutionnaire de gauche dure, de baisser le pouvoir d'achat par le protectionnisme ?

FRÉDÉRIC LORDON : Est-ce que je juge que la concurrence est dangereuse… Je me souviens d'un propos d'Auguste Detœuf, un aphorisme qui était assez juste et qui disait : « La concurrence est un alcaloïde. À dose modérée, c'est un excitant. À dose massive, c'est un poison. » Là, il est absolument évident qu'on a dépassé le stade du poison, puisque la concurrence s'est généralisée, aux biens, aux services, et il suffit de voir les dégâts sur le tissu industriel et sur le salariat français pour en juger assez rapidement. Donc, en effet, ma mesure révolutionnaire, mais ça ne serait que la première d'une longue liste, et ça ne serait pas la plus méchante, ça serait de modérer quelque peu l'alcaloïde et de le faire revenir dans les doses où il est juste convenablement excitant et pas davantage. C'est-à-dire, oui, à base d'un protectionnisme d'un certain degré et sélectif.

En tant que « procureur stagiaire », je buvais du petit-lait : être partisan du protectionnisme, à gauche, c'est bien souvent se retrouver isolé, sinon lepénisé. Que Frédéric Lordon, économiste progressiste, incontestable, ne recule pas devant ce mot, qu'il le défende avec sa logique, sa verve, c'était un réconfort. Que j'avais déjà éprouvé à la lecture de son bouquin…

AMIENS, MERCREDI 13 OCTOBRE 2010
LES CYNIQUES ET LES AHURIS

Je viens de terminer *La Crise de trop*, un essai dans lequel Frédéric Lordon consacre un chapitre à « La “menace protectionniste”, ce concept vide de sens ».

Extraits :

« Il est désormais tenu pour une évidence première qu'objecter si peu que ce soit à la concurrence libre et non faussée, celle de l'Union européenne, mais aussi de ses prolongements extraeuropéens par OMC interposée, c'est être “protectionniste” – par conséquent une figure du Mal. [...] L'avalanche est trop abondante pour faire l'inventaire des cris d'hystérie médiatiques chaque fois qu'il est question de “ça”, le mot sortant de la bouche des intervieweurs avant même que l'infortuné interviewé ait eu le temps d'en articuler la première syllabe, et toujours sur le mode du “vous n'êtes tout de même pas..., vous ne plaidez tout de même pas pour..., vous ne proposez tout de même pas que...”. »

« À quelques malhonnêtes entorses près, sans cesse corrigées par les bienveillantes autorités de la Commission, la concurrence non distordue règne, nous dit-on, en Europe. Concurrence non distordue, vraiment, avec l'Estonie ou la Macédoine, qui fixent à zéro leur impôt sur les sociétés ? Avec la Roumanie, où les employés de Renault-Dacia payés 300 euros par mois sont une sorte d'élite salariale ? [...] Avec le Royaume-Uni, qui dévalue subrepticement sa monnaie de 30 % contre l'euro et d'un claquement de doigts diminue d'autant ses prix d'export ? Avec le Luxembourg, dont la transparence bancaire fait paraître limpide une flaque de pétrole ? Concurrence non distordue sans doute également avec la Chine, et aussi avec le Vietnam, bien connu pour la générosité de sa protection sociale, ou pourquoi pas avec la Birmanie, puisque BK Conseil nous certifie que le travail forcé y est une légende. [...] tous ceux-là sont à l'abri de formidables barrières et n'ont nul besoin de droits de douane ou d'obstacles non tarifaires pour s'ébattre et prospérer dans le commerce international libéralisé. »

« On voudrait croire qu'il n'y a parmi les enragés de la "concurrence libre et non distordue" que des cyniques – pour qui le *level playing field* n'est que l'instrument rhétorique et pratique d'un rebasculement du rapport de forces entre le capital et le travail par régime du commerce international interposé. Au moins ceux-ci ont-ils les idées au clair et ne se racontent-ils pas d'histoires. Mais il y a, dans ces rangs, bien plus encore d'ahuris qui croient vraiment à ce qu'ils disent et persistent à ne pas voir que leur célébration de la concurrence non distordue *dans les marchés* a pour effet de faire jouer de la pire des manières – la plus déniée et le plus destructrice – la concurrence très distordue *par les structures*. »

« [...] il n'y a dès lors plus qu'à choisir entre ses différents degrés et ses différentes formes – débat pour le coup plein de sens puisque à ce moment seront mises sur la table *toutes* les sortes d'hétérogénéités, de différences, de protections et d'inégalités entre lesquelles il faudra nécessairement passer des compromis – en d'autres termes, envisager de *corriger des distorsions par des distorsions contraires (et compensatrices)*. Évidemment il s'agit là d'une révolution copernicienne qui sera également refusée par les cyniques et par les ahuris, quoique pour des raisons fort différentes. Et pourtant il faudra bien s'y faire : si, du fait des différences de structures, c'est la non-distorsion qui est l'inégalité, alors c'est l'égalité qui appelle la distorsion. Si *Organisation* mondiale du commerce a un sens, autre que celui, dévoyé, de "promotion du libre-échangisme", c'est bien celui, littéralement parlant, que le commerce international nécessite d'être *organisé* [...]. »

« À l'inverse de ceux qui, confondant, par bêtise ou par intérêt, liberté et anarchie, voient toute *réelle* organisation [...] comme un très grand malheur, il faut donc rappeler qu'organiser la coexistence de différences est l'objet d'une *politique*. Et qu'en cette matière les plus conscientes d'elles-mêmes sont toujours les meilleures. »

J'ai appelé Frédéric Lordon. M'accorder un entretien, il veut bien – mais sans trop voir quoi me raconter de plus. Je le comprends : une dose de protectionnisme, on a tellement le sentiment que ça relève du simple bon sens, de l'évidence, qu'on s'imagine mal en tartiner des pages. Ou, comme il le traduit, avec d'autres mots que les miens : « Un philosophe passerait par là, il dirait que c'est un argument transcendantal, un méta-argument : la concurrence est toujours distordue. »

4

TERRE (ET MERS) DUMPING SANS FRONTIÈRES

MEGÈVE, MERCREDI 8 JUIN 2005
LE JARDIN DE FERNAND

« Par ici, vous avez le mont Maudit, le mont Blanc du Tacul, l'aiguillette des Houches… »

Fernand marche à reculons dans son jardin, le doigt pointé vers les cimes. Ces montagnes qui nous encerclent, il les connaît par cœur, les a longtemps parcourues comme guide, lui qui, à 80 ans sonnés, grimpe encore jusqu'à leurs sommets.

« Depuis deux ou trois ans, on voit très bien les changements. Y a des arbres qui sèchent, surtout des épicéas, je pense que c'est le réchauffement qui joue sur toute la nature.

– À quoi vous les voyez ? »

Il se déplace vers le tas de bois, effectue un demi-tour :

« Juste derrière le tilleul, regardez, malgré le soleil qu'on a dans les yeux… (Il place sa main en visière.) Là, vous avez des hêtres, des chênes, des bouleaux. Leurs branches sont dépouillées, sans feuilles, ou alors couleur rouille. En cette fin de printemps, on croirait une végétation d'automne. Ça, c'est nouveau. »

Il a la gueule du vieux sage, les cheveux blancs qui flottent au vent, la voix rocailleuse, lente et tranquille

– qui avance, sereine, du même pas assuré qu'il parcourt les sentiers.

« Le plus étonnant, c'est que l'hiver, auparavant, les glaciers remontaient, ils regagnaient du terrain. Alors que, maintenant, ils baissent. Même l'hiver, ils baissent. Même cet hiver, où il a fait froid, la mer de glace a fondu de quatre mètres. Maintenant y a deux petits lacs, au fond, qui n'existaient pas avant. C'est fou ce que les glaciers reculent… »

Je tourne la tête.

Sur son terrain, y a le côté grillons. Et, derrière, les camions…

« Est-ce que vous faites le lien entre cette glace qui fond et la quatre-voies au bout de votre potager ?…

– C'est sûr. Quand j'ai construit, en 59, y avait pas le tunnel. Les premiers camions, on n'y a pas fait attention. La route s'est élargie depuis. »

Voilà pourquoi, chaque semaine, Fernand proteste : « Non aux camions ! Non aux camions ! On ne bouge pas ! »

Dans leur combinaison blanche (comme les neiges d'antan, sans doute – avec par-dessus, pour certains, une écharpe tricolore), les militants scandent leurs slogans, assis autour du rond-point, sur la route qui monte vers le mont Blanc. Derrière eux, un convoi de plusieurs kilomètres poireaute. Le premier de la file, un chauffeur italien, tente de forcer la voie, fait rugir son moteur. Les gendarmes lui font signe d'arrêter. Qu'est-ce qu'il transporte ? « Ne le sais », répond-il.

Que leur vallée devienne une autoroute à gros culs, ces habitants en ont marre. D'autant qu'en 1999 Chirac avait déclaré : « Les camions ne peuvent raisonnablement plus passer par ce tunnel », Gayssot promettait un « doublement du fret ferroviaire », et, bien sûr, c'est pire qu'avant.

Avec son chapeau de paille, son masque à gaz, sa canne en bois, Mamie Yvonne, instit' à la retraite, voit « passer tous les mercredis des bêtes emmenées en Italie, parce que les porcs qui sont nés aux Pays-Bas, ça permettra de les appeler jambon de Parme ».

Vingt kilomètres en aval, sur l'aire de Passy, où se reposent les camionneurs, Jean-Claude et ses copains dégustent leur gamelle – et ils confirment :

« Vivement que je me casse. On peut plus rouler.

– Pourquoi ?

– Y a trop de camions, ça bouchonne partout.

– Faudrait inventer autre chose, alors ?

– Ben, le "autre chose", c'est mal parti. C'est prévu pour empirer.

– Ah bon ?

– Bah oui, y aura plus de transport routier qu'avant, ils ont programmé. Ça va augmenter. Parce que le rail-route, c'est loin d'être fait. Et c'est l'Europe qui veut ça, la France elle est en plein milieu… »

Je m'attendais à un autre son de cloche. Que les routiers défendent leur métier, comme quoi les manifestants les empêchent de bosser, etc. Mais non, même eux s'interrogent : « Je pars, je livre du jambon. Je rentre, je livre du jambon. Faut m'expliquer.

– Dans les deux sens, on charge des bobines de papier, le même grammage, le même poids, on comprend pas. Et pareil pour le transport de bois.

– Ce qui rend ça possible, aujourd'hui, c'est que le coût du transport est très faible, analyse un syndiqué CGT. Et qu'il diminue encore ! Dernièrement, les chauffeurs routiers ont vu leur temps de travail passer à 56 heures par semaine. Pourquoi ? Parce qu'on a voulu mettre les chauffeurs français, même ceux qui ne font pas d'international, au même niveau que les gens des pays de l'Est.

– Vous gagnez combien ? je me renseigne.

– Pour près de 50 heures par semaine, 1 300 €. Et alors qu'on passe nos journées, et nos nuits parfois, sur les routes, avec une lourde responsabilité : 40 tonnes qui nous poussent derrière. C'est l'autre truc, aussi : ils augmentent le tonnage. Mais sans augmenter la paie… »

BRUXELLES, MERCREDI 25 FÉVRIER 2009
POLLUTION PROGRAMMÉE

« Combattre le changement climatique : l'Union européenne montre la voie. » C'est la plaquette que distribue la Commission. À l'intérieur, on est les meilleurs : « Sur la scène internationale, l'Europe joue un rôle précurseur dans la lutte contre le changement climatique. » Et, pour devenir encore meilleurs, nos commissaires ont des idées lumineuses : « Utilisez des ampoules à basse consommation d'énergie », « Vérifiez la pression des pneus », « Fermez le robinet quand vous vous brossez les dents », « Essayez la bicyclette », etc. L'Europe verte est en marche !

Sauf que.

Sauf que, on a beau éplucher le document, pas un mot sur le « transport de marchandises ». Sur les « bus à hydrogène », oui. Sur l'« huile à faible viscosité », oui. Mais sur le fret, rien. À la place des étoiles sur fond bleu, pourtant, c'est un camion qui devrait figurer sur le drapeau de l'Union. C'est une autoroute qui pourrait servir de symbole au continent…

Douze mille kilomètres d'autoroutes : voilà le projet que lançait la Commission en 1991. Pour savoir qui les réclamait, et pourquoi, il suffisait d'allumer sa télévision quelques semaines plus tôt – le jour de la fameuse *Marche du siècle.*

« Les routes sont trop étroites, déplore M. Giovanni Agnelli, le patron de Fiat. Le trafic va doubler dans les années qui viennent, si l'Europe se fait. » Sur le plateau de l'émission, Jean-Marie Cavada lui donne raison et pioche un exemple dans l'ouvrage que vient de publier la European Round Table of Industrialists : « Pour faire la distance Chicago-Houston en camion, c'est-à-dire environ deux mille kilomètres, il faut 33 heures. Pour franchir le même parcours sur le continent européen, entre Anvers et Rome, eh bien, il faut presque le double de temps : 57 heures. De ce point de vue, l'observation est tout à fait éclairante. » Pour rattraper notre retard, il faut d'abord alléger les lois : « Limitations de vitesse, temps de travail, poids transporté, circulation le week-end… Les règles qui régissent les transporteurs européens sont nombreuses et contraignantes. »

La réponse de Jacques Delors ne se fait pas attendre : il apporte son aval en direct. « Un des premiers rapports de la Table ronde s'appelait "Missing Links" – les "chaînons manquants", remarque-t-il, citant sa littérature scientifique favorite. Ça veut dire qu'on ne pourra pas tirer tous les bénéfices du grand marché intérieur si l'on ne peut pas circuler plus vite et moins cher dans toute l'Europe. Et par conséquent, dès 1985, nous avions proposé au conseil des ministres un programme ambitieux d'infrastructures. »

Le rapport « Missing Links » (édité par le patron de Volvo) datait de 1985 et, « dès 1985 », Delors avait proposé ce « programme ambitieux ». Cette *Marche du siècle* date de septembre 1991 et, « dès 1991 », Delors lance le Trans Europe Network (TEN). Qui comporte donc douze mille kilomètres de voies rapides pour poids lourds…

Cette prime au bitume sera intégrée au traité de Maastricht, puis renouvelée en 2004 avec l'élargissement. En 1997, le secrétaire général de l'ERT ne masque pas sa joie : « C'est maintenant une question de détails. Je pense que, dans le principe, nous y sommes. Le tunnel sous la Manche a été construit, les trains à grande vitesse sont en cours de construction, [ainsi que] la jonction entre la Scandinavie et le Danemark. »

Pourquoi cette obsession du béton ? C'est qu'avec le marché unique l'Europe a fait tomber les barrières commerciales, fiscales, monétaires ; restait à éliminer les barrières physiques. Eux ont éliminé les frontières de l'histoire, il fallait abolir les frontières naturelles. À quoi bon un « grand marché intérieur » si déplacer des marchandises demeure coûteux en temps, en essence ?

Pour « en tirer tous les bénéfices », il fallait accélérer le trafic, abattre les obstacles : par des tunnels dans les Alpes, dans les Pyrénées, sous la Manche. Il fallait accélérer le trafic : « Les biens et les services doivent circuler librement sur le marché dans des conditions optimales et au moindre coût. » Dans cet espace ouvert, fluide, les multinationales réalisent des économies d'échelle : ne plus conserver qu'un seul site par produit sur le continent, exiger des sous-traitants une délocalisation dans les pays à bas coût de main-d'œuvre. En 1989, Whirlpool (alors Philips) comptait trente-huit usines en Europe de l'Ouest. Il en reste dix pour l'Europe réunifiée. Avec, à la clé, en Italie, en France, en Allemagne notamment, des milliers de licenciements. Mais Wisse Dekker, PDG de Philips et président de l'ERT, ne songeait à rien de tout cela, sans doute, ni à ses lave-linge (en partance pour Poprad), ni à son taux de rentabilité (vers les 6,3 %), lorsqu'il soufflait son idée à Jacques Delors. Juste au bonheur des Européens…

Quant à l'impact écologique, il a été mesuré : entre 1985 et 1995, le gaz carbonique émis par les transports de marchandises a augmenté d'un tiers. Dans son nouveau plan, signé en 2004, la Commission européenne tablait sur un doublement du fret d'ici 2020. Les rejets de CO_2 par les poids lourds devraient croître de 54 % d'ici 2030. Pour compenser, nous aurons soin – comme le recommande la même Commission – d'utiliser des « ampoules économes en énergie ». Et de les éteindre en quittant la pièce…

Pour noircir encore le tableau, le rail – mieux encadré socialement, donc plus coûteux – recule chaque année devant la route. En 1970, 32,6 % des marchandises étaient transportées en wagons. Contre moins de la moitié, 13,4 %, en 1999…

C'est un modèle de développement dont on est fier. Donc on l'exporte.

Vers les nouveaux entrants, d'abord : on les aide à combler leurs lacunes. En 1995, la Pologne ne convoyait *que* 42 % de ses denrées par camion – contre 69 % dix ans plus tard. Et la Roumanie, la Hongrie, etc., connaissent les mêmes progrès.

Mais en dehors de l'Union également : en Suisse…

MARTIGNY (SUISSE), JEUDI 9 JUIN 2005
LA SANCTION

« Plus on veut aller vite, plus on aura besoin de choses rapides. »

C'est Claude Dallière, le PDG du groupe Jean-Claude Mermet Transports, qui m'a assené ça, à Marnaz (côté français). Je ne voyais pas comment le contredire. En effet, « plus on veut aller vite, plus on aura besoin de choses rapides », c'est une logique qui tourne en rond, irréfutable.

« Le problème, c'est que la France ne peut pas vivre recluse sur elle-même. Alors, qu'on arrête de ne plus vouloir de camions, de ne plus vouloir de voitures, de ne plus vouloir de pollution ! Malheureusement, c'est un mal nécessaire. Aujourd'hui, rien ne se fait qui ne soit transporté. C'est comme ça. »

« C'est comme ça », et ça ne saurait être autrement, et ça ne sera pas autrement, et ça n'a jamais été autrement. Il n'y a pas d'alternative : comme une huître, l'avenir se referme sur le présent.

« Vous, alors, je l'interroge, quelles solutions vous verriez ?

– Il faut faire des vraies voies de circulation. Aujourd'hui, les deux tunnels que nous avons pour traverser les Alpes sont des tunnels qui ne sont pas suffisamment larges. Et on devrait avoir des doubles voies.

– Donc, on fait un deuxième trou ?

– Voilà. Et on appelle de nos vœux l'autorisation de charger 44 tonnes dans les camions, ce qui en mettrait moins sur les routes. »

La marche en avant sur l'autoroute du Progrès…

Côté suisse, pourtant, à quelques kilomètres de là, on essaie autrement.

« Regardez ! »

Avec Georges Darbellay, d'Initiative des Alpes, on s'est donné rancard en gare de Martigny. Passe un long train de marchandises avec des voitures dessus : « Elles viennent de France, elles vont vers le nord de l'Italie. » On attend que le boucan de la locomotive s'éloigne : « Lors d'une votation, en 1994, le peuple a réclamé que le transit à travers notre pays se fasse sur le rail et non pas sur la route. Il a de nouveau voté pour une taxe sur les poids lourds, et pour le financement de deux tunnels ferroviaires. Mais la RPLP, la taxe sur les poids lourds, n'est pas assez élevée, parce que l'Union européenne ne veut pas que cette taxe augmente trop vite.

– La mesure écologique est bloquée par l'UE ?

– Oui ; l'Union est obnubilée par la liberté de circulation des marchandises. »

Ce référendum (comme beaucoup de référendums – des boulevards pour le populisme) a fâché Bruxelles tout rouge : comment ça, les Helvètes vont lourdement taxer les camions ? Mais pour qui ils se prennent ? Ils se croient maîtres chez eux ? On fait un grand marché intérieur, et voilà qu'un petit bled minuscule gênerait le commerce entre la France, l'Allemagne, l'Italie, l'Autriche ? En guise de riposte, prévinrent les démocrates européens, les accords commerciaux seraient bloqués, les avions de Swiss Air n'atterriraient plus dans les aéroports hollandais, etc. Pour défendre ce principe sacré, le libre-échange, on n'a pas lésiné sur la menace. Qu'importe la pollution, ou la démocratie, pas touche au dogme : la discipline s'impose. Du coup, la Suisse a flanché. Elle a retiré, ou amoindri, toutes ces mesures. Et la Commission européenne a réalisé une étude savante : le transport de fret à travers les Alpes aura augmenté de 75 % entre 1992 et 2010…

« Chaque année, reprend Georges Darbellay, on remet un prix, la Pierre rouge du diable, à des entreprises qui se distinguent par leurs transports inutiles : par exemple, on l'a attribué à Nestlé, qui amène de l'eau depuis l'Italie jusqu'en Suisse – comme si on n'avait pas assez d'eau de qualité à boire en Suisse ! Enfin, malgré tout, ici, deux tiers du fret s'effectuent par le rail et un tiers seulement par la route. »

MARSEILLE, MARDI 30 AOÛT 2005
CLÉ DE VOÛTE DE LA GLOBALISATION

Sur le quai à sucre, Yves Reynaud sort ses jumelles : « Ce sont peut-être des Birmans. J'ai entendu que, dans ce navire qui bat pavillon des îles Marshall, les gars ont faim, ils sont obligés de s'acheter eux-mêmes leur bouffe au Leader Price du coin. Mais je me le réserve pour demain. »

Toute la journée, on s'est baladés sur le port avec lui : en tout, pour toute la France, on compte quatre « inspecteurs maritimes » comme lui. Quatre ! Et un seul – lui – pour la Méditerranée, soit 10 000 bateaux. C'est dire si le contrôle est scrupuleux…

Pendant qu'on roule sur les quais, les pavillons du Liberia, du Honduras, de Malte, du Panamá défilent. Même cet immense bateau, là, côté croisière, quatorze ponts, quatorze étages, un véritable immeuble des mers – quel est le drapeau qui flotte là-haut ? « Les Bermudes », distingue Marie Caillerie, la main en visière pour se protéger du soleil. Elle exerce à bord comme officière (ça se dit ?).

« Vous voyez, au sommet, y a des gens qui courent sur une piste d'athlétisme en teck. Pour se distraire, ils ont aussi des piscines, des jacuzzis, un simulateur de golf, et quelque chose de très américain qui m'a beaucoup surprise : *"Movie under the stars"*. Un grand écran sur lequel les passagers viennent regarder CNN toute la journée. Et en fond de cale, sous tout ce luxe, à la machine, vous avez des Philippins, à la buanderie des Indonésiens, payés 450 $... Même moi : après chaque trajet on me remet une petite liasse de billets, sans fiche de paie ni rien, en liquide.

– C'est une petite entreprise, ça, Grand Princess ?

– Ça appartient à Carnival, c'est le numéro un mondial des croisières. L'an dernier, ils ont accumulé 1 milliard de profits, et ils prévoient 15 % de mieux en 2005. »

Nul scandale, ici. C'est simplement la norme.

Des touristes s'apprêtent à remonter dans ce radeau. Je les aborde. Un agent immobilier, qui veut faire « mieux que Donald Trump », me raconte à grand renfort d'éclats de rire que, oui, ce voyage lui revient cher, pas seulement à cause des billets – 7 000 $ pour deux personnes –, mais surtout parce que sa femme, dès qu'elle aperçoit un objet, n'importe quoi, il faut l'acheter. Et les 450 $ des Indonésiens, il en pense quoi ? « C'est sans doute mieux que dans leur pays. Et bien sûr que c'est juste : chacun est payé pour ce qu'il vaut. Carnival, en plus, est une grande firme, donc je suis convaincu que tout est légal. »

Il a raison : tout est légal. Puisqu'il n'y a plus de loi...

La marine, c'est la clé de voûte de la globalisation.

D'après l'Organisation mondiale du commerce, entre 1950 et 2005 le volume des échanges a été multiplié par 25. Par 50 pour les produits manufacturés. Et 80 % de ces marchandises circulent par mer. Donc, autant l'« eu-ro-pé-a-ni-sa-tion » passe par la route, autant la « mondialisation » passe par les cargos. Pour que le dumping international soit rentable, il faut que ce transport coûte peu.

Qu'il coûte peu en matières premières, d'abord. Alors que l'essence des particuliers est largement taxée, les vaisseaux circulent avec du pétrole *« tax free »*. Dont le prix, en dollars constants, équivaut à peu près, aujourd'hui, à celui de la fin des années 70 – et pas de « taxe carbone » en vue ici.

Il faut aussi que ce transport coûte peu en main-d'œuvre : sur les océans, la « concurrence libre et non faussée » entre les travailleurs, étendue à l'échelle de la planète, avec des salaires qui s'apparentent à des pourboires, est d'ores et déjà une réalité. Et pourrait servir de modèle à la terre…

ÉDIMBOURG, MARDI 21 NOVEMBRE 2006
EXTREMELY DIFFICULT

C'était une décision *« extremely difficult »*. Mais bon, y a des fois, faut savoir se montrer courageux, dans ce métier. Mike Mitchell, un directeur du groupe Young's Seafood, a donc tranché : les langoustines seront désormais écaillées en Thaïlande.

Jusqu'alors, jusqu'à l'automne 2006, ça paraissait trop simple : pêchées, épluchées, emballées en Écosse, les langoustines se montraient bien casanières. Désormais, elles sont entrées dans l'ère de la mondialisation : toujours pêchées au large des côtes écossaises, elles voyagent jusqu'à Bangkok où elles sont épluchées, puis reviennent en Écosse pour être emballées. Au total, ont calculé les écolos, 12 000 milles parcourus à peu près – 20 000 kilomètres –, et « chaque tonne de langoustines transportée produira une demi-tonne de CO_2 », d'après Duncan McLaren, des Amis de la Terre (ils exagèrent sans doute un peu).

Voilà pour l'environnement. Côté social, 120 emplois seront supprimés à Annan, Dumfries, Galloway (des bleds britanniques qu'on ne savait même pas qu'ils existaient). Comme partout ailleurs, les députés du coin ont pleurniché – avec l'efficacité qu'on devine.

« C'est économiquement non viable », a répété, désolé, Mike Mitchell : en Écosse, ses ouvriers sont payés 9 € de l'heure – contre 50 centimes en Thaïlande. Donc, là-bas, ils vont pouvoir écailler à la main plutôt qu'avec des machines. Ça donnera des produits de meilleure qualité, les consommateurs seront contents. Et même, « ça épargnera de l'eau », il a remarqué. Ça sera bon pour l'environnement, finalement.

Ça me rappelle Philippe Mühlstein, un chercheur, ingénieur à la SNCF, membre du comité scientifique d'ATTAC, que j'avais croisé à Annecy. Avant de le retrouver dans un square, j'étais passé chez Carrefour où j'avais acheté des yaourts Danone, une crevette et une patate…

J'ai posé tout ça entre nous, sur le banc :

« Dans ce pot de yaourt, il y a 3 500 kilomètres, a-t-il énoncé. C'est le résultat d'une étude réalisée par des économistes de l'Institut Wuppertal. Comme les ingrédients sont fabriqués dans différents pays en Europe, au total il a fallu 3 500 kilomètres de transport.

« La patate, vous savez que les Allemands en cultivent beaucoup, et il y a un gros vendeur de pommes de terre tout empaquetées. Les pommes de terre sont récoltées en Allemagne, envoyées dans le sud de l'Italie, là où la main-d'œuvre est très peu chère, donc un transport en camion sur 1 000 ou 1 500 kilomètres, là elles sont épluchées, nettoyées, et elles remontent en Allemagne, où elles seront conditionnées et vendues sur le marché allemand.

« Les crevettes, danoises, elles traversent le Danemark, la Belgique, l'Allemagne, toute la France, l'Espagne, jusqu'au Maroc, où elles seront dépiautées, décortiquées. Elles retourneront ensuite au Danemark, d'où elles repartiront à nouveau vers les marchés de consommation européens.

« Tout cela, conclut-il, ces voyages inutiles, les délocalisations d'entreprises, la recherche des plus bas coûts de main-d'œuvre, des plus bas coûts de protection de l'environnement, dans tous les pays en Europe et dans le monde, tout cela, c'est possible parce que l'offre de transports est peu chère.

« Le dumping social dans le transport (routier, mais aussi naval) permet les délocalisations et renforce le dumping dans les entreprises. C'est une raison, aussi, pour casser le fret ferroviaire, trop socialement régulé… Sans compter les dégâts pour l'environnement : en France, les transports, c'est le secteur le plus émetteur de CO_2, plus que l'industrie : 28 %. Et, ce qui est plus grave encore, le secteur dont les émissions croissent le plus vite : + 24 % depuis 1990. La seule issue, c'est la relocalisation.

– Mais comment, alors que les espaces économiques s'élargissent, alors que les taxes douanières disparaissent… ?

– Une solution, ce serait de prendre en compte les coûts environnementaux. Ce que les économistes appellent "internaliser les effets externes".

– Donc des taxes selon le nombre de kilomètres parcourus, le mode de convoyage utilisé ?

– C'est ça. »

Je repose mon micro et je m'interroge à voix haute : « Mais vous imaginez l'Organisation mondiale du commerce mettre ça en place ? Ou l'Union européenne ?

– Pas en l'état, c'est certain.

– Alors, on fait comment ? On essaie tout seuls ? »

Lui ne tranche pas.

Sinon, la touche d'humour, c'est que mes marchandises achetées à Carrefour se trouvaient dans un sac plastique. Avec marqué dessus : « NF Environnement. Ce sac répond aux exigences de la marque NF Environnement, le label écologique »…

AMIENS, VENDREDI 2 SEPTEMBRE 2005
COMPLICES DE LA COMPLAISANCE

Sur Internet, aujourd'hui, j'ai relevé deux rapports : une « Communication de la Commission au Conseil et au Parlement européen, du 6 avril 2001, sur la formation et le recrutement des gens de mer », puis un « Compte rendu de la Commission des affaires économiques, de l'environnement et du territoire de l'Assemblée nationale, mardi 25 janvier 2005 ».

Ça apporte pas mal d'éléments :

La France ne compte plus que 9 300 marins, cinq fois moins que dans les années 70. Seuls quelques officiers, mais quasiment plus de matelots, voguent encore « au long cours ». Et c'est dans des niches jusqu'alors protégées, le remorquage, le pilotage, les liaisons trans-Manche ou avec la Corse, que se sont réfugiés, en très large majorité, les rescapés de ce naufrage industriel.

Ce bilan, la Commission européenne l'étend à tout le continent : « Le nombre total de ressortissants de l'UE employés à bord de navires battant pavillon communautaire est actuellement de 120 000, chiffre en baisse de 40 % par rapport à 1985. » Un secteur presque aussi ravagé que le textile ou la sidérurgie.

Cette hémorragie d'emplois ne doit pourtant rien à une improbable « crise » : le trafic de marchandises croît de 8 % par an… Pas plus qu'à une automatisation des tâches – souvent invoquée pour expliquer les baisses d'effectifs dans les usines. Une cause unique, et transparente : le dumping social orchestré, accepté. Et pour « délocaliser », ici, il n'y a que quelques papiers à signer…

Jusqu'en 1945, 5 % seulement des navires circulaient sous pavillon de complaisance. Contre 23 % en 1970 – et 68 % aujourd'hui. Les deux tiers de la flotte mondiale sont ainsi enregistrés dans des micro-États, les Bahamas, le Panamá, Saint-Vincent-et-les-Grenadines, etc., qui exonèrent les bateaux de toute législation sociale et fiscale : « 762 navires battaient pavillon français en 1970, ils ne sont plus que 110 au registre métropolitain aujourd'hui. »

Comment, face à cette gangrène, comment ont réagi les États occidentaux, et les organisations internationales où ils siègent ? En ne réagissant pas, en laissant faire. En complices de la complaisance. À l'instar de la Commission européenne.

Celle-ci s'inquiète, certes, de la « pénurie de marins communautaires ». Elle en indique clairement la cause : « Face à la concurrence accrue des pays tiers, plusieurs armateurs de l'UE ont décidé de réduire leurs coûts, en enregistrant leur navire sous pavillons extracommunautaires ou sous des seconds registres, alors que, dans le même temps, ils remplaçaient leurs marins communautaires par de la main-d'œuvre de pays tiers, aux coûts salariaux inférieurs. » Elle note également que, « entre 1992 et 1999, le salaire mensuel moyen des gens de mer qualifiés a chuté de 53 % pour les Allemands, de 51 % pour les Belges, de 49 % pour les Néerlandais, de 26 % pour les Portugais et de 14 % pour les Français ». C'est limpide. Comme le patronat européen détient un tiers de la flotte mondiale, l'Union va donc pouvoir légiférer ? Instaurer un rapport de forces ? Mettre les points sur les « i » de « loi » et de « droit » ? Tout le contraire : « Pour la Commission, il ne s'agit pas d'envisager de nouveaux actes législatifs. » À la place, elle va lancer une « campagne de sensibilisation afin d'améliorer l'image de marque de ce secteur auprès des jeunes », « promouvoir davantage l'accès des femmes aux professions maritimes », « préconiser l'utilisation des technologies modernes de l'information (courrier électronique par exemple) qui doivent permettre aux marins de rester en contact avec leurs familles », etc. Quelle blague : le mal est repéré, mais on ne l'affronte pas. Surtout pas. On fait mumuse.

Lorsque les gouvernements réglementent, d'ailleurs, c'est pour… déréglementer ! Car, d'urgence, il faut

« s'adapter », autant dire s'aligner par le bas, avec des clauses sociales minimales et une fiscalité presque nulle : l'île de Man s'est ouverte aux armements britanniques, les Belges se sont placés sous le drapeau du Luxembourg, le Danemark a créé un registre bis, tout comme la Norvège et l'Allemagne.

Chez nous, dès 1986, les députés ont instauré un « apartheid à bord des bateaux » : sous le pavillon « Kerguelen », 35 % seulement de l'équipage doit être français et respecter les conventions collectives françaises ; le reste, philippin, costaricain, indonésien, qu'importe, surnage dans le flou juridique. Et la paie varie selon la couleur de la peau : « Au niveau des coûts, un poste malgache revient quatre fois moins cher qu'un poste français », calcule Alain Suard, PDG de France Télécom Marine. Et d'annoncer une charrette de 160 licenciements et autres reclassements.

Mais « 35 % » d'équipage sous contrat français, voilà qui ne suffisait pas. Voilà qui ne suffit jamais : « Pour une meilleure compétitivité », « pour la relance de la flotte et de l'emploi », les « armateurs de France » ont réclamé la « création d'un second registre français » – un pavillon de complaisance, mais aux couleurs tricolores. Et surprise : leur vœu fut exaucé. Le sénateur Henri de Richemont (UMP) a fidèlement récité leur argumentaire : « Le registre Kerguelen n'est plus aujourd'hui compétitif : il est classé par la Communauté européenne comme le registre le moins compétitif et le plus rigide en termes d'emploi national, en moyenne 30 % plus cher que les pavillons bis européens. » La recette est connue : quand le dumping ne fonctionne pas, c'est qu'il faut plus de dumping ! Au printemps dernier fut donc voté le « Registre international français » : afin d'« inciter les armateurs à s'inscrire à ce pavillon », le RIF se contente, désormais, d'un capitaine et d'un suppléant français, ainsi que de « 25 % de marins communautaires ». Pour les trois quarts restants, le SMIC est aboli, remplacé par « les accords conclus au BIT », la semaine légale de travail en revient aux 48 heures d'avant 1936, foin de la protection sociale, et nulle mention du droit syndical. Au passage, on légalise le rôle des « marchands d'hommes », un procédé pourtant interdit, en France, depuis 1848. En bref, fut édifié un « pavillon de complaisance à la française », et c'est bien ainsi qu'il est catalogué par l'International Transport Workers' Federation : notre drapeau figure maintenant sur la liste noire aux côtés des Bahamas et des Bermudes. Un motif de fierté nationale…

MARSEILLE, LUNDI 29 AOÛT 2005
VALEUR AJOUTÉE

C'est un ballet de bulldozers sur le chantier.

Une tour de verre s'élèvera bientôt sur les quais de la Joliette, haute de 110 mètres et coûtant autant de millions d'euros : le nouveau siège de la CMA, « premier armateur français et cinquième mondial ». Avec des bénéfices qui ont quadruplé en 2003, avant de doubler encore en 2004, la Compagnie marseillaise d'affrètement peut se permettre ces dépenses architecturales. Sur ses 182 navires, bien sûr, aucun n'est inscrit au registre métropolitain ; ils le sont au Liberia (26), aux Bahamas (24), aux îles Marshall (9), en tout sous vingt-huit pavillons différents. Ne subsistent que cinq cents navigants français, dont la moitié d'officiers, à bord des quinze bateaux enregistrés sous Kerguelen : il s'agit des résidus de l'ex-société nationale

CGM, ex-Transatlantique, ex-Messageries maritimes, ex- « compagnie aux cent navires » et aux plusieurs milliers de marins, dépecée depuis 1974, d'un plan social au suivant, avec la fin du *France*, et privatisée en 1996.

Le président du conseil de surveillance de la CMA, cependant, Tristan Vieljeux, nous rassure : « La notion de pavillon ne renvoie qu'à une réglementation spécifique. Ce qui compte, c'est que les capitaux et le centre de décision demeurent français. » Et les « centres de décision », en effet, ne se sont pas déplacés : les flottes appartiennent toujours aux mêmes pays, aux nôtres, à des armateurs privés désormais. Nuls « voyous des mers » tropicaux à traquer ici, pas même des « États voyous », juste des patrons bien sous tous rapports qui gagnent à tous les coups : arguant de la concurrence et menaçant de « dépavillonner » toujours plus – des délocalisations qui, sans usine à déménager, se règlent d'un trait de plume d'avocat –, ils ont obtenu le beurre des travailleurs et l'argent du beurre des contribuables, cumulant salaires au plancher, dégrèvements de charges, aides à la construction, etc. Les autorités cèdent volontiers, sans bras de fer, complices qui se prétendent victimes, ne s'efforçant jamais de refonder un ordre maritime cassé, un Code du travail brisé.

Les emplois sont partis.

La valeur ajoutée, elle, demeure ici.

JARDIN DU LUXEMBOURG (PARIS),
MERCREDI 7 SEPTEMBRE 2005
POINT D'ÉQUILIBRE

« Je me souviens parfaitement de mon embarquement, le 3 juillet 1951, à la veille de mes 20 ans. C'était un navire aux conditions sanitaires médiocres. Lors du précédent voyage, on avait dénombré deux morts et un suicidé. Sur quarante bonshommes, c'est beaucoup. Ça faisait quand même un peu triste. »

Sur le bassin du jardin du Luxembourg, devant nous, voguent de petits bateaux. C'est au long cours que François Lille a navigué, lui, capitaine devenu économiste :

« Au voyage d'après, on n'a eu qu'un mort. Plus un rapatrié d'urgence. C'était assez dur. Mais ensuite, dès les grandes grèves de marins, en 53, avec des travailleurs fortement syndiqués, s'embraie un processus positif. En quinze années, on a obtenu des jours de congé, des meilleurs salaires, le passage au contrat continu, bref, des conditions comparables aux gens de terre. »

Lui a connu le temps des améliorations. Mais il a aussi connu, ensuite, l'heure des régressions. Car toutes ces conquêtes se sont révélées « solubles dans la mondialisation ». Ou encore « réversibles dans la complaisance ».

« À partir de quand vous avez vu la machine s'inverser ?

– À la fin des années 70. Le passage sous pavillon de complaisance a commencé par les pétroliers. La motivation la plus évidente, c'était le risque. On sortait d'une série de catastrophes, et les sociétés pétrolières se sont débarrassées de leurs filiales maritimes – vers des structures carrément irresponsables. Avec des montages complexes. »

Dans l'après-guerre, un à deux pétroliers coulaient chaque mois, au large ou en Afrique, donc sans grand bruit. Mais les marées noires du *Torrey Canyon* (1967 en Grande-Bretagne) et de l'*Amoco Cadiz* (1978 en Bretagne) réveillent les opinions. Pour les multinationales BP, Total, Elf et consorts, il faut se prémunir judiciairement, ne plus apparaître en première ligne. Côté « complexité », c'est un triomphe : dans le cas de l'*Erika*, par exemple, note François Lille dans son livre *Transport maritime, danger public et bien mondial*, « pour envoyer de France en Italie une cargaison sans grande valeur au moindre coût, Total France active Total Bermudes (qui est en réalité à Londres), qui, par un courtier maritime londonien et un autre courtier vénitien, trouve en Suisse un bateau soi-disant maltais dont dispose une société-écran bahaméenne supposée appartenir à un trust bermudien géré par une officine panaméenne », sans compter « un petit armateur italien », « deux pseudo-sociétés libériennes », la « Bank of Scotland », une « société indienne de manning », et l'on prie pour que le juge d'instruction y retrouve ses petits… ou plutôt ses gros PDG.

Se garder de la justice et polluer tranquille, telle semblait être la première motivation. Mais, très vite, complète le capitaine-économiste, « contourner les législations sociales est devenu la motivation essentielle. Vous pouvez aller sur le site d'une "manning agency" indienne pour recruter un équipage birman. Vous voulez un équipage aux normes ITF ? Un équipage aux normes BIT ? Un équipage sans normes du tout ? Vous choisissez : ils vendent de tout, en gros et en détail ».

Quotidiennement se déroulent ainsi, grâce aux sites Internet de ces « marchands d'hommes », des enchères dégressives à l'échelle internationale, localisées en Ukraine, en Indonésie, au Bangladesh, au Sri Lanka, etc. « Certains pays, comme les Philippines, défendent mieux leurs ressortissants, poursuit le chercheur. Ce fut un des premiers pays à signer la convention OIT sur la Sécurité sociale. Résultat, nombre de ses marins sont au chômage et on engage à la pelle des Chinois ! Car le salaire réel d'un Chinois avoisine les 200 $, contre 400 à 800 $ pour un Philippin.

– Vous voulez dire que le dumping social conduit à délaisser le marin philippin ?

– Mais j'ai vu des Malgaches à 50 $. C'est le premier exemple d'un secteur où le marché du travail est mondialisé. Et c'est, à mon avis, la préfiguration de ce qui va arriver secteur après secteur… »

Jusqu'où ? À laisser faire, jusqu'où ira-t-on ?

La marine répond à cette question, elle offre un aperçu sur le monde idéal du libre-échange : massivement, les emplois sont détruits dans les pays disposant d'une législation sociale. Quelques postes sont préservés (et protégés) pour les cadres – ici nommés officiers. Le droit du travail, horaires, conditions sanitaires, etc., appartient au passé. Et l'on connaît désormais la valeur du travail : entre 200 $ (140 €) et 400 $ (280 €).

Voilà le point d'équilibre.

Voilà où ils nous mèneront si nous les laissons faire. Si à la main invisible du marché, qui nous étrangle, nous ne ripostons pas par une poigne de fer qui les serre à la gorge.

Deuxième partie

DÉFENSES DU PROTECTIONNISME

... ce que l'on pourrait appeler l'« irresponsabilité » de la gauche libérale, laquelle défend de grands projets de solidarité, de liberté, et ainsi de suite, mais s'éclipse dès qu'il s'agit de payer le prix de toutes ces choses en prenant des mesures politiques concrètes, et souvent « cruelles... »

SLAVOJ ZIZEK

5

MORALE
LE MOT QUI FAIT PEUR

FRIVILLE-ESCARBOTIN,
MERCREDI 5 SEPTEMBRE 2007
OSER !

« C'est des mots qu'on n'ose pas prononcer… »

Au premier étage de la Bourse du travail, à Friville-Escarbotin, Gilles Humel clope gitane sur gitane. Sous son bras, il tient une liste de noms qu'il surligne au stabilo : en orange les « pré-retraités », en bleu les « déplacés ». C'est que Laperche ferme cet été – une serrurerie, rachetée par le numéro un mondial, le suédois Assa Abloy. Chez Valentin, où sont fabriquées des pommes de douche, on a éliminé la moitié des effectifs et ouvert un site en Tunisie, pendant que Newell Window Fashions se borne à empaqueter des tringles à rideau *« made in China »*. Etc. La métallurgie après le textile. « C'est devenu comme une maladie. Ça meurt ici, tout partout. »

Devant cette déroute en cours, que réclame le secrétaire de la CGT du coin ? Gilles Humel hésite, replace son mégot entre ses lèvres : « On voudrait mettre en place un label "Fabriqué dans la région". Pour que les acheteurs, dans les Leroy Merlin, les Bricorama, soient informés. » On le regarde. On croit à une blague, presque : c'est une tête politique, lui. Un communiste de longue date dans le « Vimeu rouge ». Et la solution qu'il suggère, c'est de coller des étiquettes ! Presque de l'éthique ! Et pourquoi pas « responsabiliser le consommateur » !

« Mais, par exemple, si je vous dis "protectionnisme" ? "Barrières douanières" ?

– Ah oui. On y pense, bien sûr. Mais ça, c'est des mots qu'on n'ose pas prononcer... »

Comment mieux le traduire ? La censure publique est devenue une autocensure intime. Y songer, à *ça*, au protectionnisme, c'est déjà être coupable du pire...

AMIENS, MARDI 21 AVRIL 2009
INTERDIT MORAL

Ce n'est qu'une *option économique*. Mais ils en font un interdit moral.

« On est dans une grave crise, assenait ainsi ce matin, sur RTL, Alain Duhamel, et dans des crises de ce genre il y a toujours des tentations de protectionnisme, de nationalisme, de racisme, de xénophobie. » Et d'aligner ces concepts comme des quasi-synonymes.

Depuis quelques semaines, les penseurs se relaient, tous plus originaux les uns que les autres, pour établir cette équivalence. Nicolas Baverez, essayiste de *La France qui tombe* : « La violence du choc et sa nature déflationniste lui confèrent aussi une dimension politique, libérant des pulsions protectionnistes, nationalistes et extrémistes » – car le protectionnisme ne saurait relever que de la « pulsion », c'est-à-dire de la bestialité, de l'irrationnel. Pascal Lamy, patron de l'OMC, abonde : « Je ne connais aucun protectionnisme qui ne porte une dose de xénophobie et de nationalisme. » Peter Mandelson, ex-commissaire européen au Commerce, met en garde contre les « politiques xénophobes » : « Le protectionnisme serait le plus sûr moyen de transformer la récession en dépression. » Marie-Paule Virard, coauteure de *Le capitalisme est en train de s'autodétruire* : « Protectionnisme, xénophobie, conservatismes. L'Histoire nous l'enseigne, le repli n'est jamais une bonne nouvelle pour la prospérité et la paix du monde. » L'économiste Christian Saint-Étienne se fait historien, également, et ne chipote pas : « Cela finit toujours par le régime national-socialiste. » Derrière les barrières douanières se cache *toujours* un petit Hitler…

Quant au libre-échange, il porte sur ses ailes – on s'en doute – tout l'inverse : « la prospérité et la paix du monde », « l'ouverture aux autres », « le dialogue des cultures », etc. À force de répétitions, ces slogans deviennent des évidences. Et le débat, surtout, se déplace vers les « valeurs ».

Pour ou contre la hausse des taxes aux frontières ?

De quel pourcentage ?

Sur quels produits ?

Dans quels buts ?

De tout ça on pourrait discuter comme d'un choix politique, comme d'un outil – à l'instar de l'impôt sur les sociétés, de la TVA, des taux d'intérêt, etc. Et pendant longtemps, en effet, on en a discuté ainsi.

Mais voilà que cette controverse, « protectionnisme versus libre-échange », est devenue morale. Voilà que les faits historiques, les données statistiques, la situation sociale ne pèsent plus. Voilà que la question devient une injonction : « Êtes-vous un méchant xénophobe protectionniste ou un gentil internationaliste libre-échangiste ? »

La propagande triomphe, et une *simple* orientation économique devient une ligne de partage entre le Bien et le Mal.

Puisqu'ils recourent à l'Histoire, allons-y nous aussi.

Durant un siècle et demi, l'Angleterre a opté pour un protectionnisme strict, bâtissant son industrie textile à l'abri de ses frontières. Que faut-il en conclure, alors, d'après nos propagandistes ? Que le Royaume-Uni aurait vécu dans une noire xénophobie ? Que des nazis avant l'heure se seraient succédé sur son trône ?

Les États-Unis, maintenant, « patrie et bastion du protectionnisme moderne ». Jusqu'en 1945, leurs taxes aux frontières sur les produits manufacturés variaient entre 35 et 50 %. Parce qu'ils étaient dirigés par des fascistes, sans doute ?

On pourrait continuer longtemps : Paul Bairoch consacre 250 pages à démonter ces *Mythes et paradoxes de l'histoire économique*. Notamment cette équation : « protectionnisme = récession » – alors que, au XIXe siècle, au contraire, le PNB croît plus vite lors des périodes protectionnistes. Alors que le libre-échange conduit, d'après lui, entre 1870 et 1873, à la « grande dépression européenne »… dont les pays ne sortent, vers 1892, que par un relèvement des barrières douanières.

Qu'on arrête là pour le passé.

Qu'on en revienne au présent.

Sur quel continent vivent-ils, nos esprits qu'inquiètent les « tentations de protectionnisme, de nationalisme, de racisme, de xénophobie » ? À nos côtés en Europe, ou sur un paradis lunaire ?

Car, ici et maintenant, « protectionniste », notre Union l'est déjà – et même fortement. Pas à l'égard des capitaux, non, pour ça, tout va bien. Pas à l'endroit des marchandises, qu'on se rassure. Mais contre les personnes, oui, et même fortement : c'est derrière des remparts qu'on vante le « libre-échange » et l'« ouverture aux autres ».

« Il faut expulser les étrangers pauvres ! » tonnait, en avril 2008, Franco Frattini – alors vice-président de la Commission européenne en charge des questions migratoires. « Face aux foules menaçantes des capitales islamiques », notre terre doit se construire « à partir de notre identité », celle de la « tradition judéo-chrétienne » : il énonçait tout haut la doctrine que Bruxelles met en place tout bas. Car c'est une guerre larvée que nous menons contre l'immigration – une guerre qui a son armée : Frontex, pour « Frontières extérieures ». Une « agence » équipée d'hélicoptères, d'avions, de navires, d'un système de surveillance avec satellites, drones et radars, et qui possède sa propre force d'intervention, les « Rabits » – Rapid Border Intervention Teams –, cinq cents hommes mobilisés contre l'« afflux massif de ressortissants de pays tiers ». Eux opèrent hors de l'Europe, au Sénégal, en Mauritanie, au Maroc ou en Libye : « Puisque l'immigration ne s'arrête pas aux frontières traditionnelles, expliquait Franco Frattini, il nous faut les dépasser nous aussi. » Les Européens supervisent donc, au large des côtes d'Afrique de l'Ouest, des missions d'interception des migrants – puis sous-traitent la gestion des « camps » où sont gardés ces derniers aux militaires du cru, en Mauritanie, au Maroc, en Libye.

Cette guerre fait des victimes, bien sûr. La plupart invisibles et lointaines : tout va bien, alors. Mais, parfois, la tragédie se rapproche – et s'impose sur nos écrans. En octobre 2005, des gardes civils espagnols tirent sur des Subsahariens qui tentent de passer à Ceuta et Melilla : 14 morts. Autre frontière, mêmes drames : le long du Rio Grande, qui sépare les États-Unis et le Mexique, s'étend un nouveau rideau de fer – avec une *« border patrol »*, des milices privées, de la vidéosurveillance, un mur de parpaings, des GPS, des caméscopes, des lunettes infrarouges, 1 100 kilomètres de barrières, etc. Ces quinze dernières années, d'après une commission des droits de l'homme, « plus de 5 000 Mexicains » ont péri en tentant leur chance, soit abattus, soit emportés par un torrent, soit perdus dans le désert. Des jeunes plein d'énergie, la plupart, la vie devant eux, et qui meurent par milliers… en pleine « Zone de libre-échange des Amériques » !

Mais ce protectionnisme effectif, sélectif – contre les « étrangers pauvres » –, nos humanistes ne s'en émeuvent guère. Qu'on s'en prenne à la libre circulation des pommes de douche, en revanche, qu'on relève les taxes douanières sur, disons, les tringles à rideau, et voilà que les grandes consciences de notre temps montent la garde : ce seraient les signes avant-coureurs du fascisme ! Qu'on instaure un quota sur les tee-shirts en coton, et c'est nous qui aurions la « tentation du mur » (*Les Échos*, 5 janvier 2007) !

« J'ai de la sympathie, écrivait John Maynard Keynes, pour ceux qui veulent minimiser plutôt que maximiser l'imbrication économique entre les nations. Les idées, la connaissance, l'art, l'hospitalité, les voyages : autant de choses qui sont, par nature, internationales. Mais que les marchandises soient de fabrication nationale chaque fois que c'est possible et commode. »

Ce distinguo relève du simple bon sens. Qui s'est apparemment perdu chez les économistes de garde.

PARIS, MARDI 20 JANVIER 2009
MILIEU DU GUÉ

« Essayez demain. »

Depuis une semaine, je tente de joindre Maurad Rabhi, le secrétaire de la fédération Textile Habillement Cuir de la CGT. En vain. Son portable sonne dans le vide. Lorsqu'il décroche, je n'essuie qu'un « Rappelez-moi cette après-midi ». Notre rendez-vous est décalé du lundi au mardi, du mardi au jeudi, etc. Sans doute, parmi mille tâches, ne range-t-il pas un débat autour de « libre-échange versus protectionnisme » dans la catégorie des urgences. Mais son silence prend pour moi un sens. Il dénote une gêne : quelle est la position de son syndicat ? Rien de tranché – et cette question, sans le dire, lui préfère la fuir.

Dans l'attente d'un entretien, son assistante m'a adressé une enveloppe avec « les différents documents parus dans les bulletins par rapport aux délocalisations ». Où je retrouve ce même embarras, le cul entre deux chaises.

C'est « un tsunami silencieux », d'abord, qui est décrit : « Depuis plus de vingt ans, nos professions du textile, de l'habillement et du cuir souffrent de la politique patronale : faire produire au moindre coût. [...] On supprime, dans nos branches, en moyenne 1 500 à 2 000 emplois par mois dans une quasi-indifférence [2 Metaleurop par mois]. La fin des accords multifibres en 2005 [avec la Chine] a provoqué plus de

60 000 suppressions d'emplois sur les trois dernières années. La chaussure a été décimée, avec plus de 50 % de salariés en moins… Le patronat du textile estime à 300 000 le nombre de salariés employés à l'étranger dans des entreprises ayant délocalisé (davantage de salariés qu'il n'y en a dans l'entreprise française elle-même)… »

Quant au diagnostic, il paraît clair : « Le libre-échange, l'ouverture des frontières conduit à la destruction d'emplois dans les pays développés. » On va donc s'attaquer à ce « libre-échange », à cette « ouverture des frontières » ? Pas du tout. Malgré l'hémorragie, les syndicalistes tergiversent : « S'attaquer aux dérives des délocalisations ne veut pas dire refuser la mondialisation et les échanges ou s'arc-bouter sur le protectionnisme, précise régulièrement leur littérature interne. Il ne saurait être question de rejeter la nécessité des échanges commerciaux au plan international. […] Le protectionnisme à tout crin porte une logique de repliement et d'isolement où l'on aura tout à perdre. » Et tous les syndicats réunis (CFDT, CGT, FO, CFTC, CGC) insistent ensemble, dans une déclaration commune : « Nos fédérations sont ouvertes au monde économique qui bouge et notre credo n'est pas le protectionnisme. »

Aux grands maux, dès lors, les petits remèdes : un « bonus-malus encourageant la création d'emplois », des « labels éthiques », de la « réciprocité dans les conditions d'accès aux marchés », de la « formation », des « normes sociales et environnementales », etc. Et des pleurnicheries : « De nombreux groupes ont déjà délocalisé plus de 50 % de leur production, voire la quasi-totalité. C'est inadmissible ! » – avec des points d'exclamation, là, pour déguiser l'impuissance.

La logique syndicale s'arrête au milieu du gué.

Cette timidité de la CGT, c'est le fruit d'une bataille idéologique menée « depuis plus de vingt ans » elle aussi, avec le grand matraquage du « métissage », de la « xénophobie », du « nationalisme », de choix économiques convertis en valeurs morales. Il a fallu aux libéraux un patient labeur, mais quelle victoire majeure : une gauche qui prétend combattre le libéralisme... sans s'attaquer d'abord au « libre-échange » !

Les ouvriers, eux, n'éprouvent pas le même embarras que leurs organisations :

« Pour chacune des questions suivantes, pouvez-vous me dire si elle évoque pour vous quelque chose de très positif, d'assez positif, d'assez négatif ou de très négatif ? » La question a été posée en mars 2006, analyse Emmanuel Todd dans *Après la démocratie* (2008). Concernant le protectionnisme économique, 53 % des sondés lui étaient favorables (très positif : 13 %, assez positif : 40 %), 31 % défavorables (assez négatif : 26 %, très négatif : 5 %). Sans opinion : 16 %.

« Les plus favorables au protectionnisme sont les 18-24 ans (67 % contre 18 %) et les ouvriers (63 % contre 19 %). Ce résultat est tout à fait rassurant sur l'état mental de nos concitoyens parce qu'il est adapté à la réalité économique : les jeunes et les ouvriers sont les principales victimes du libre-échange. »

AMIENS, LUNDI 25 AVRIL 2011
MÉTISSAGE

Je me souviens.

J'étais en classe de seconde, et la prof de français, Mme Thomas, avait apporté une cassette de *La Marche du siècle* : « Vous allez voir, c'est formidable ! » nous avait-elle prévenus – parmi un tas d'autres superlatifs. Elle a éteint la lumière.

De cette séance, à vingt années de distance, il me reste juste une image, un mot et un malaise.

L'image, c'est le philosophe Michel Serres, la vedette d'un soir, qui rit aux côtés de la chanteuse Sapho – portant une tenue bizarre, elle, le regard caché derrière un voile, les lèvres peinturlurées, de longs gants noirs qui montent jusqu'aux coudes. Le mot, c'est « métissage », prononcé dans la moindre phrase, il me semble, comme on récite son chapelet avec des incantations magiques. Et le malaise, bien sûr, à 15 ans, il m'est apparu confus, obscur. Je ne disposais ni du recul ni des outils pour faire la lumière sur ce trouble, mais lorsque, la projection achevée, Mme Thomas s'est tournée vers nous, vers moi plus spécialement, m'a demandé : « C'est extraordinaire, non, ce dialogue ? Quelle arme contre le racisme ! », et que j'ai lâché un « Oui » penaud, c'est avec le sentiment, alors, déjà, de participer malgré moi à une imposture. D'avoir assisté – je l'ai compris après, je le comprends maintenant – à de la propagande.

Sur le site de l'INA, j'ai revisionné aujourd'hui cet enregistrement. Les présentations, par Jean-Marie Cavada, donnent le ton de cette liturgie : « Vous allez nous dire ce qui, dans votre vie, est le témoignage du métissage. Et puis nous allons demander aux invités qui sont ici sur le plateau, à savoir Guy Lagorce pour le métissage sportif, Sapho pour le métissage artistique et son propre métissage personnel, Michel-Édouard Leclerc pour le métissage de sa formation et le métissage de ses décisions. Alors, qu'est-ce qui, dans votre vie, témoigne de ce que vous êtes le fruit de ce métissage ? » Et cet endoctrinement se poursuit, souriant, tranquille, avec cet éloge du « choc de l'altérité », parce que « se métisser, c'est d'abord voyager ». Avec ce racisme quasiment inversé, une ode au sang impur – « Juive, de culture arabe, née à Marrakech, vivant à Paris, et elle porte un nom grec » –, et de ses origines proviendrait le talent de cette chanteuse.

Jusqu'à cette conclusion où, à nouveau, l'insignifiance se déguisait en intelligence : « Le métissage, c'est non seulement un espoir, mais c'est inéluctable. C'est parce que les avions existent, les distances sont abolies. » Pour nous délivrer cet « humanisme de compréhension de la richesse du métissage » (dixit Cavada), tous les pouvoirs étaient unis : un intellectuel de la Sorbonne et de l'Académie française, la télévision publique en prime time, un héritier patron de la grande distribution, et même l'école des jésuites (et de la République). Tous d'accord.

Durant les deux décennies suivantes, ils n'ont pas cessé leur catéchisme : « Le métissage est l'avenir du monde », proclame Edgar Morin dans *Le Nouvel Observateur*, célébrant *La Découverte du monde*, d'Edwy Plenel, essai qui a « pour idée-guide le métissage », pour héros l'« homme mêlé », lui qui, contre la « peur de l'autre », suit « la trace métisse où s'invente un nouvel humanisme cosmopolite », et d'abord dans notre France, « belle entité métisse, née de l'intégration et du mélange d'ethnies extrêmement diverses », etc. Ce baragouin généreux, « multiculturalisme », « mélange des cultures », « ouverture à l'autre et au monde », « vivre ensemble avec nos différences », se répand d'un intellectuel de gauche (Touraine, Wieviorka, etc.) aux hommes politiques de gauche (Lang, Delanoë, etc.) et jusqu'aux médias de gauche (*Le Monde*, France Inter, etc.), et plus une seule manifestation festive n'échappe à cet impératif : « métissage culturel », annonce le Festival du film d'Amiens, « métissage des sonorités », lui fait écho le Festival de jazz, tandis que la « Nuit blanche » sera placée « sous les auspices du métissage », et même mon quartier, picard, plutôt popu, est désormais décrit comme « empreint de métissage culturel » ! Cette bien-pensance pénètre, bien sûr, les salles de profs, les cours d'éducation civique : pour lutter contre l'intolérance, vive le « métissage » ! Et Jacques Chirac panthéonise l'« écrivain métis » Alexandre Dumas – avant de lancer, pour s'occuper, une « fondation pour le dialogue des cultures ». L'idée devient idéologie, d'État, encouragée par les radios, les ministères, les colloques, les écoles.

Pourquoi pareil consensus ?

C'est qu'il fallait habiller la mondialisation pour la gauche : qu'on lui vante le « libre-échange des cultures » pour qu'elle épouse le « libre-échange des marchandises ». Qu'elle encense l'« ouverture à l'autre et au monde » pour que PDG et banquiers profitent d'une plus concrète « ouverture du monde » à leurs capitaux. Qu'on lui rappelle Montesquieu, et Spinoza, et Diderot, dont les écrits circulaient en Europe, pour qu'elle acquiesce à la libre circulation des euros. Toute une propagande mièvre qui rend les mots « frontières », « régulations », « protectionnisme », « barrières douanières » poujadistes, synonymes de repli sur soi, d'égoïsme, de nationalisme, interdits aux hommes de progrès.

Juste un détail : c'est le 6 février 1991, dans *La Marche du siècle*, que FR3 diffusait cette apologie du

« métissage ». Six mois plus tard, le 18 septembre, le même Jean-Marie Cavada nous alertait : « Europe : les patrons tirent la sonnette d'alarme » – avec une invitation à bâtir, d'urgence, des autoroutes et la monnaie unique. Nul hasard, pour moi, dans cette proximité : plutôt les deux facettes d'une même politique, d'une même époque, d'un même projet.

PARIS, MERCREDI 7 JUILLET 2010
CE « -ISME » QUI EFFRAIE

« C'est le mot qui ne va pas, il fait peur… »

C'est Éric, aujourd'hui, un douanier, le porte-parole de Solidaires, qui me récite ce couplet.

« Et on devrait le remplacer par quoi ?

– Par relocalisation, par exemple. C'est plus doux. »

D'habitude, j'aime bien batailler sur les mots, les défendre, m'y accrocher – malgré l'opprobre qui, parfois, les entoure. Pour « populisme », par exemple, j'invoque volontiers la définition du *Petit Robert* : « Courant littéraire qui s'applique à dépeindre avec réalisme la vie des gens du peuple. » Pour « social-démocratie », j'en reviens à Karl Marx, qui rédigea la première déclaration de principes du SPD allemand, « le parti des travailleurs et le parti de la petite-bourgeoisie », bien éloigné de Dominique Strauss-Kahn. Pour « lutte des classes », j'en passe par une citation du multimilliardaire Warren Buffett : « La guerre des classes existe, c'est un fait, mais c'est la mienne, celle des riches, qui mène cette guerre, et nous sommes en train de la remporter. » Abandonner le mot, bien souvent, c'est délaisser un peu l'idée, céder du terrain lexical à l'adversaire.

Mais avec « protectionnisme », j'hésite.

À cause du « -isme ».

Pas par principe, pas parce que tous les « -isme » – fascisme, communisme, darwinisme, hédonisme, libéralisme, socialisme, etc. – masqueraient des monceaux de cadavres. Plutôt parce que ce suffixe « -isme » suppose un idéal (même néfaste), ou une doctrine cohérente, ou une vision du monde.

Le « protectionnisme », non : il ne contient pour moi, en soi, aucune doctrine, aucune vision. C'est juste un outil, qui peut servir au pire sans doute (l'autarcie, la xénophobie) et au meilleur j'espère (la justice fiscale, l'exigence écologique), selon les mains qui le manient. Juste un curseur que l'on déplace, plus de taxes douanières aujourd'hui, moins demain, selon les circonstances, selon les buts que l'on poursuit – bien loin de l'intouchable dogme, de la théorie rigide qui résonne avec « -isme ».

C'est le libre-échange, au fond, qui mériterait ce « -isme ». Lui vise un absolu : 0 %, la libre circulation des capitaux et des marchandises à l'échelle du globe. Qu'on l'apprécie ou non, voilà un vrai projet, ambitieux, totalisant, pharaonique, prométhéen même : l'abolition de frontières qui perdurent depuis des millénaires, et tout ça pour la Prospérité de l'Humanité. Eux sont les nouveaux utopistes, les doctrinaires purs et durs. À côté de cette mission planétaire, le protectionnisme s'apparente à du bricolage.

Mais voilà que, étrangement, le libre-échange échappe au « -isme » idéologisant, ne se voit qualifié de « libre-échangisme » que par ses adversaires proclamés. Alors qu'il tend, bel et bien, à une finalité de l'Histoire.

Donc, abandonner « protectionnisme », pourquoi pas ?

Mais pour le remplacer par quoi ?

« Relocalisation » a le vent en poupe, en effet, c'est le chouchou du moment.

Il fait consensus.

Ségolène Royal traverse le salon de la Haute-Façon et déclare que « la France doit gagner la bataille de la relocalisation », et c'est pour ça qu'elle vient, pour « saluer tous ceux qui se battent, les chefs d'entreprise, les ouvrières, les salariés, les représentants de la profession, parce que ce combat va être gagné », et « la France doit se battre pour ne pas laisser partir des savoir-faire, des compétences, des métiers de très haute qualité ». « Il faut tenir bon », exhorte-t-elle encore, comme une générale qui félicite ses troupes – mais une générale sans tactique. Car quelles armes recommande-t-elle dans cette « bataille » ? Quelle stratégie ? Aucune, le vide. Ah, si : « Il faut informer les industriels qui délocalisent que s'il y a des retours pour des défauts, l'éloignement, les contrefaçons, peut-être qu'en faisant le calcul coûts-avantages des délocalisations par rapport au fait de fabriquer français en proximité [...] avec l'étiquette *"Made in France"*, ils vont se rendre compte qu'ils ont intérêt à fabriquer en proximité » (*Le Parisien*, 31 mars 2010). Autant la fin est trompetée sur tous les tons – relocaliser ! –, autant les moyens sont inexistants, ou dérisoires : « informer les industriels » ! Comme si la « relocalisation » allait nous échoir par un don du ciel. Sans une intervention politique musclée.

La mode s'étend jusqu'à ma région. *Agir en Picardie* consacre la une de son dernier numéro au « Printemps de l'industrie ». En guise d'édito, le président du conseil régional, Claude Gewerc, est interrogé :

« Le thème est celui des relocalisations…

– Effectivement, nous constatons depuis quelques années un mouvement. Il y a des exemples pour les cosmétiques, la pharmacie, le mobilier de bureau, la mécanique. Des activités implantées en Espagne, en Grande-Bretagne, aux États-Unis ou en Chine viennent ou reviennent en Picardie… »

Et le dossier s'intitule « Relocalisation en Picardie » : « Déjà, un certain nombre d'entreprises picardes ont relocalisé leurs activités. Pourquoi ? Dans un souci de réactivité au marché, pour avoir une meilleure compréhension des consommateurs, en un mot, pour plus de proximité. »

Mais, dans les 16 pages qui suivent, pas un seul chiffre n'est livré ! Pas un seul cas n'est évoqué !

J'ai donc appelé la rédaction du magazine :

« Vous l'avez trouvé intéressant, ce dossier ? me demande une fille.

– Ben oui, mais y a pas un seul exemple…

– Vous avez raison. (Elle re-parcourt son exemplaire.) C'est vrai.

– Alors que des exemples de délocalisation, je peux vous en donner. Mais à ça, vous ne consacrez pas une ligne.

– Ça n'était pas notre choix.

– Mais du coup, si vous voulez, ça me semble presque un mensonge, quand on est en Picardie, de mettre en avant ces…

– OK, d'accord, d'accord. Mais je ne peux pas vous répondre. Appelez le cabinet du président Gewerc. »

Le cabinet, lui non plus, ne me livrera pas la moindre statistique.

Cette « relocalisation » timide, gentillette, pâlichonne, se sert aussi bien à la sauce libérale. Ainsi, le ministre de l'Industrie, Christian Estrosi, va satisfaire, à l'Assemblée nationale, « la forte incitation à la relocalisation que vous appelez de vos vœux ». Comment ? Via « la suppression de près de 12 milliards d'euros de charges fiscales grâce à l'abrogation de la taxe professionnelle ». Et ce n'est qu'un début : « Dans le cadre des conclusions des États généraux de l'industrie, le président de la République, le Premier ministre et moi-même serons sans doute amenés à proposer des aides à la relocalisation remboursables pour permettre aux entreprises françaises qui se sont délocalisées ces dernières années de réinvestir en France. » Les bancs du groupe UMP applaudissent, note le *Journal officiel* (20 janvier 2010), tant ces députés sont toujours ravis d'offrir des cadeaux fiscaux et des ponts de subvention. Dans le mois qui suivait, une « enveloppe de 200 millions » était débloquée. Puisque relocaliser est à ce prix…

Mais, là encore, malgré les appels, les courriels, le ministère ne me fournit aucun chiffre. Juste, sur Internet, l'économiste El Mouhoub, de Paris-Dauphine, qui recense « une relocalisation pour vingt délocalisations ».

Alors, « protectionnisme » a bien des défauts.

Mais il a le mérite de ne pas avancer masqué, de montrer ses muscles : des taxes aux frontières, il y est prêt. Un relèvement – ciblé – des barrières douanières, ça ne l'effraie pas. Le contrôle des capitaux, cela va de soi. En finir avec la libre circulation des marchandises, c'est nécessaire. Par sa brusquerie, le mot engage le combat, de front, contre le libre-échange.

PARIS, DIMANCHE 1er MAI 2011
LES PLEUREUSES DES SYNDICATS

Entendu sur France Inter, ce matin, au journal de 8 heures :

« Pour Bernard Thibault et François Chérèque, l'enjeu est de ne pas laisser la rue au FN. Depuis quelques mois, alors qu'une poignée de militants d'à peu près tous les syndicats ont affiché leur appartenance à l'extrême droite, l'intersyndicale s'attache à combattre le discours social de Marine Le Pen. Un texte commun contre la préférence nationale a été diffusé, et la lutte pour l'égalité des droits et contre les discriminations est mise en avant dans l'appel à manifester. Un FN dont la montée dans les classes populaires ne laisse pas d'inquiéter les grandes confédérations. » Interviewée ensuite, Nadine Prigent, de la CGT, se lançait dans des « C'est dangereux pour les salariés », « Il faut une forme de mobilisation », etc. Des bonnes intentions, des leçons de morale. À croire qu'on n'en est jamais lassé.

Au journal de 9 heures, un « expert des relations sociales et syndicales », Bernard Vivier, « directeur de l'Institut supérieur du travail », nous enfonçait dans cette impasse : « Le FN développe aujourd'hui un discours qui se veut social et qui est en train de concurrencer les principes d'action de syndicats que l'on qualifie de républicains. Le projet qui manque, c'est un discours d'ouverture qui fasse barrage à un discours uniquement centré sur le repli sur soi et le nationalisme. »

Et si ce qui manquait, au contraire, c'était un discours ferme et de fermeture ? Car cette expérience de l'« ouverture », non pas seulement, vaguement, « aux autres », mais très concrètement « ouverture des frontières aux marchandises et aux capitaux », ça fait vingt ans, trente ans, qu'elle est menée grandeur nature. Depuis bien assez longtemps, en tout cas, pour que les Français – et les « classes populaires » aux premières loges – en tirent des conclusions logiques : le libre-échange mène à leur perte, à la dégringolade.

Eux veulent en sortir.

Et, tôt ou tard, nous en sortirons.

Mais portés par quelles forces ? Par le camp de la régression ou par celui du progrès ? Et portant quel projet ? Un conservatisme craintif ou des conquêtes écologiques et sociales ?

Au lieu de pleurnicher, nos grandes confédérations feraient mieux de réviser leur doctrine. D'assumer le protectionnisme que réclame leur base : égalitaire et républicain.

INTELLO N° 4
JACQUES SAPIR :
« MENACER DE LE FAIRE SEUL… » ?

AMIENS, LUNDI 14 FÉVRIER 2011
LES DEUX MINUTES

« Aline, tu sais pas où on a mis l'enregistrement de Sapir ?

– Je t'ai posé le DVD sur le bureau.

– Mais dessus y a que deux minutes. On l'a interviouvé pendant plus de deux heures !

– Écoute, c'était y a trois ans. Tu peux toujours chercher… »

Avant notre première Teuf à Babeuf, on l'avait rencontré caméscope en main à l'EHESS, l'École des hautes études en sciences sociales. Un peu craintifs, nous, parce que le personnage paraissait hautain, un vrai Monsieur le Professeur – mais il nous a reçus longuement, très pédago, à revenir sur deux siècles d'histoire économique, le XIXe, la crise de 29, l'après-guerre, etc. Dont il reste cet extrait :

« Ce que l'on constate depuis plusieurs années, c'est que les pressions protectionnistes montent régulièrement. Alors, on le voit avec l'échec du cycle de Doha de l'OMC. On le voit à la manière dont un certain nombre d'économistes, en particulier aux États-Unis, changent de position : Paul Samuelson, Paul Krugman, ce sont des gens qui aujourd'hui admettent le protectionnisme, ils ne l'admettaient pas il y a quelques années. Donc il y a un changement idéologique qui est en train de se faire, qui est très net. Aussi, les travaux de la Banque mondiale montrent que les pays les plus pauvres, les pays que l'on dit encore en voie de développement et non pas les pays émergents, n'ont pas du tout profité du libre-échange, au contraire le libre-échange les a plutôt appauvris eux aussi. Donc, nous allons, très certainement, vers le retour du protectionnisme.

« La question qui se pose, c'est : est-ce qu'on le fait de manière raisonnable et maîtrisée, c'est-à-dire en construisant un protectionnisme social et écologique, dont la fonction serait, effectivement, de protéger ces industries, mais aussi d'arriver à une convergence au niveau social et écologique mondial, ce qui devrait être notre objectif ? Ou sera-t-on confronté à des mesures d'urgence, parce qu'on a connu une crise sociale très grave, qui amène un pays, peut-être la France, à devoir sortir brutalement de l'Union européenne, à reconstruire des mesures protectionnistes dans le domaine du commerce et de la monnaie ? Peut-être qu'on devra en passer par là. Mais il faut comprendre que ce n'est pas la solution la plus souhaitable. La solution la plus souhaitable consisterait à faire du protectionnisme aujourd'hui un objet de débat réel, de manière à construire, de façon concertée et raisonnable, un protectionnisme efficace. »

Ce qui m'avait plu, surtout, c'était la souplesse de cette pensée. Qu'il ne vienne pas dire : « Il faut faire comme ci, comme ci, comme ça », « C'est ce modèle ou rien ». Qu'il élabore plusieurs scénarios, le souhaitable, le réaliste, etc.

Je l'ai rappelé pour un nouvel entretien.

C'est d'accord : à son retour de Russie.

EHESS (PARIS), JEUDI 23 MARS 2011
MENACER SEUL POUR LE FAIRE À PLUSIEURS

Quand vous parlez de « démondialisation », pour vous, c'est une observation au présent, c'est un diagnostic pour l'avenir, ou c'est une espérance ?...

JACQUES SAPIR : C'est déjà une observation au présent. Il est très clair aujourd'hui que les négociations de l'OMC sont bloquées et que l'on commence à avoir les premiers signes d'un reflux de la mondialisation. Alors évidemment ils sont encore très peu perceptibles, mais ils sont là, et ils ne feront que s'accentuer d'ici quatre-cinq ans.

La libre circulation des marchandises ne peut plus durer. Et à partir du moment où des pays vont recommencer à mettre en place des barrières, les autres suivront. Alors, ce phénomène cumulatif peut être relativement organisé, ou désorganisé. Mais voilà, nous sommes d'ores et déjà rentrés dans une vague de déglobalisation.

La 20e proposition de François Mitterrand, en 1981, c'était qu'il fallait ramener sous les 20 % le taux d'ouverture de l'économie française dans la décennie qui suivrait. Aujourd'hui, quand on mène ce type de raisonnement, on est classé à droite…

J. S. : Il y a eu une conversion du Parti socialiste au libre-échange, au point que des personnes écervelées vous disent que le libre-échange est la forme moderne de l'internationalisme. En fait, le libre-échange a pour conséquence de toujours favoriser le moins-coûtant et le moins-disant, et donc il tire l'ensemble des économies vers le bas.

Il faut faire très attention de ne pas confondre le protectionnisme et l'autarcie. Ce que je réclame, ça n'est pas du tout l'autarcie, c'est un protectionnisme raisonnable.

Mais à quelle échelle on instaure ça ? Au niveau national ?

J. S. : Il vaudrait mieux, de loin, que cela se fasse, peut-être pas au niveau de l'Union européenne, mais avec sept ou huit pays au cœur de l'Europe. Malheureusement, je crois de moins en moins à ce scénario. Il est très probable qu'on soit obligés, au départ, de faire un protectionnisme national. Quand ils verront que ce n'est pas la catastrophe annoncée, et que ça contraint les autres pays à se poser la question, la force de conviction de cette idée en sera renforcée.

Mais quelles sont les forces politiques pour le porter ? Même le Parti de gauche dit qu'il est prêt à le faire dans un cadre européen, mais il n'énonce pas du tout qu'il est prêt à le faire dans un cadre national.

J. S. : Non, effectivement, effectivement. Mais si vous leur posez la question : « Et alors ? Admettons que vous arriviez au pouvoir, vous faites des propositions, vos partenaires disent non, qu'est-ce qu'on fait ? » La position de Jacques Généreux, c'est de dire : « Si les partenaires disent non, on le fait quand même. » D'accord. Voilà, c'est dit.

Mais pour produire ce type de mouvement, il faut un courage, une audace, il en faut énormément. Si on n'a pas trop le courage de le dire à l'avance, est-ce que, une fois au pouvoir, on aura le courage de le faire ?

J. S. : Vous avez deux scénarios possibles. Premier scénario : « Nous ne disons pas la vérité aux gens, mais ils verront la vérité au fur et à mesure que nous progresserons. » C'est ce que j'appelle le mode de pensée machiavélien. Et puis il y a, effectivement, on se berce d'angélisme, et puis quand on est au pouvoir, comme on ne s'est pas préparé soi-même intellectuellement, c'est un petit peu la grande débandade. Bon. Mon sentiment, c'est que le PG pratique plutôt la politique machiavélienne.

Comme s'ils estimaient que ça allait être contre-productif électoralement. Alors que, moi, mon sentiment, c'est qu'énoncer qu'on est capables de mettre des barrières douanières, le dire très clairement, le brandir comme une arme, ça pourrait rapporter dans les urnes aussi.

J. S. : C'est aussi ce que je pense. Moi je préfère dire : « Nous sommes prêts à le faire tout seuls », et cette menace obligera nos partenaires à négocier. En fait, si nous commençons à dire que nous le ferons tout seuls, nous sommes sûrs de le faire à plusieurs.

6

POLITIQUE DES ALLIÉS OBJECTIFS ?

AMIENS, VENDREDI 5 FÉVRIER 2010
INCANTATIONS

Le palais de justice d'Amiens est prêt, ce matin, à résister aux assauts prolétariens : des fourgons de CRS sont postés tout autour, les talkies-walkies des RG grésillent, des barrières de fer forment des corridors. Sur le terre-plein en face, pourtant, les troupes de manifestants sont clairsemées. Pas de banderoles, à peine une poignée de drapeaux, des têtes locales que je reconnais – et des nationales assez connues : Arlette Laguiller (Lutte ouvrière), Olivier Besancenot (NPA), Maxime Gremetz (PC). Les autocollants orange des pneus Continental ornent bien quelques blousons, mais pas par centaines : aucun risque que les « Contis » renouvellent, aujourd'hui, la mise à sac de la préfecture de Compiègne…

D'un tribunal à l'autre, d'une audience à un délibéré, leur saga a rythmé l'année 2009. Elle a aussi usé les bonnes volontés militantes. Le feuilleton doit s'achever, aujourd'hui, avec le jugement rendu par la cour d'appel.

« Monsieur Xavier Mathieu ? »

Une fliquette aborde le leader CGT. Celui-ci, le suspense judiciaire ne lui ôte rien de sa gouaille :

« Oui, Mademoiselle…

– Madame, rectifie-t-elle. J'ai 40 ans.

– Y a pas d'âge pour ça. On peut rester "mademoiselle" à 90 ans. C'est juste une question de chance. Et quand on est une femme dans la police, ça doit pas être facile d'attirer un homme…

– Oui, bon, si, ça va… », qu'elle maugrée en s'éloignant.

Les VIP rouges – les politiques, les prévenus, leurs proches, la presse – grimpent les marches du bâtiment, Olivier Besancenot un mètre devant moi. Ma marotte me titille, mais j'hésite, par civilité, pour ne pas déranger. D'autant qu'il a l'air crevé : il tenait un meeting dans mon quartier hier soir. Après quoi il a sans doute tenu un après-meeting, pour refaire le monde avec ses camarades autour d'un pot. Dans le hall, y a la queue, à cause du portique de sécurité. On piétine côte à côte. On patiente. Je me décide, tant pis pour la courtoisie…

« Monsieur Besancenot, excusez-moi de vous déranger, je fais un petit journal qui s'appelle *Fakir*…

– Oui ?

– … et je me demandais ce que vous pensez du protectionnisme.

– Ah… »

Il a comme un mouvement de recul, de surprise, qu'on ne lui pose pas une énième « question d'actu » sur les Contis, Sarkozy, les régionales, le dernier sondage, qu'on se lance dans la théorie économique dès le lever. Puis il se redresse, se reprend :

« Au NPA, on est contre. Ça va juste renforcer le pouvoir des capitalistes et des actionnaires, dresser les travailleurs les uns contre les autres, pénaliser les salariés du Sud, aider les capitalistes du Nord. »

Il regarde ailleurs, vide ses poches, le débat semble clos.

« Mais, quand vous voyez les Contis, comme les salaires sont trop élevés en Picardie, on envoie l'usine en Roumanie… Est-ce que ce n'est pas ça, justement, je ne sais pas, qui dresse les peuples les uns contre les autres ? Est-ce qu'on ne se dirait pas que, contre le dumping social, il faudrait des taxes douanières ?

– Non, nous sommes contre toute mesure qui pourrait réveiller les nationalismes. »

Il se retourne, dépose ses clés dans un petit bac en plastique.

« Mais alors, qu'est-ce qu'on doit faire ?

– Il faut soutenir les luttes des travailleurs, toutes les luttes, partout en Europe et dans le monde : c'est la seule solution pour que la classe ouvrière conquière de nouveaux droits. »

Il passe sous le détecteur, qui ne sonne pas. Je le rattrape :

« Mais, qu'ils luttent ou pas contre les délocalisations, de toute façon…

– Elles relocalisent, y a des tas de boîtes qui relocalisent. Pour obtenir des aides publiques…

– C'est des exceptions. Y en a pas beaucoup.

– Si, y en a plein, moi j'en connais plein.

– Le mouvement général, c'est quand même une perte d'emplois industriels…

– C'est vrai pour tous les pays du Nord. On assiste à un déclin de l'industrie vers d'autres formes d'emplois. »

J'arrête, je l'embête.

Sa froideur, je la comprends : comme toutes les vedettes, il est tellement assailli de reproches, de remerciements, d'attentions, avec tant d'interviews à donner, tant de mains à serrer, que, pour éviter l'invasion, une distance s'impose. C'est autre chose qui me gêne : comme s'il avait récité un tract. Comme s'il posait juste un dogme, intouchable : non-au-protectionnisme-nationaliste, et qu'importent les situations historiques.

Dans la salle, au fond, deux ex-Contis discutent entre eux :

« Je ne bois plus.

– Me raconte pas d'histoires.

– Si, maintenant, je mange. Mon problème, c'est le frigo. C'est incroyable comme la porte de c'te bête-là elle est toujours ouverte.

– Hier, j'ai croisé Yannick à Carrefour. Il était svelte, tu te souviens. Maintenant, il est à 100 kilos.

– Tu m'étonnes. Tu regardes Derrick l'après-midi, tu fais ta sieste après… »

Les magistrats entrent, on se lève, ils lisent le jugement à voix haute et on ne comprend rien : est-ce que les Contis ont gagné ? Est-ce qu'ils ont perdu ? C'est la confusion. Un cercle entoure l'avocate, mais elle non plus n'a pas bien saisi. Elle parcourt les feuilles, pressée de « Alors ? Alors ? », tourne les pages, et livre son verdict : y a pas de prison, même avec sursis, juste des amendes. Ouf.

Pour les caméras, et les copains dehors, les prévenus sortent du palais en levant les bras et en faisant le V de la victoire. « On considère ça comme une relaxe, on est heureux, soulagés, déclare Xavier Mathieu aux micros. C'est la fierté de la classe ouvrière qui a été relaxée, une victoire. » Un couplet que reprend Arlette Laguiller : « C'est vraiment une victoire des travailleurs. » Partout, bientôt, du Parti de gauche à SUD en passant par *Barricata* (« Fanzine de contre-culture antifasciste et libertaire »), résonnera ce refrain d'une « longue lutte victorieuse ». Pourquoi pas. On a besoin de ça, de ranimer la flamme, même avec du triomphe en trompe l'œil, même en se mentant un peu. Parce que, malgré toutes leurs actions, toute leur bravoure, les Contis n'ont pas sauvé l'essentiel : les 1 120 emplois. Qui ne seront plus dans l'Oise, ni pour eux, ni – et c'est plus grave, sans doute – pour leurs enfants. Un bastion ouvrier disparaît, un de plus, mais leurs leaders repeignent ça en succès : « Ça fait chaud au cœur, se félicite Olivier Besancenot. C'est un encouragement pour tous ceux qui luttent, qui résistent et ne lâchent pas. »

J'ai voté pour « le facteur », en 2002. Mais ce discours incantatoire, liturgique, ne me suffit plus. Y a deux ou trois ans, déjà, un jour où les Goodyear bloquaient la zone industrielle, Besancenot racontait la même chose, à peu près, sur le parking de l'usine : comme quoi ils étaient « un exemple pour la classe ouvrière » de ce pays, comme quoi il fallait « résister », « ne pas lâcher », et – ce bout de phrase m'avait marqué – « même si vous ne gagnez pas, par la lutte vous maintenez votre dignité ». C'était bien, qu'il se soit déplacé, qu'il ait témoigné de sa solidarité, attiré les égards des médias vers ce conflit – quand tant de dirigeants syndicaux, et même les élus du coin, ne viennent pas empuantir leur costume avec la fumée des merguez. Mais, comme perspectives de transformation, je trouvais ça court, voire désespérant : « Battez-vous ! Bon, vous n'éviterez pas la défaite, mais au moins vous préserverez votre dignité ! » À croire qu'on recherche des kamikazes sociaux : à la fin de la Seconde Guerre mondiale, les Japonais devaient recruter leurs pilotes suicidaires avec les mêmes harangues…

AMIENS, SAMEDI 6 FÉVRIER 2010
CONSEILLER

Je retranscris l'échange avec Besancenot, et j'éprouve comme un vague désarroi. Tant de contre-vérités, d'insuffisances, en si peu de phrases :

1° Le protectionnisme « va juste renforcer le pouvoir des capitalistes et des actionnaires ». Mais pourquoi, alors, au cours de tous les G7, G20, Davos, etc., les présidents, ministres, patrons, bref, tous les dirigeants capitalistes s'emportent contre la « menace protectionniste » ? Par altruisme ?

2° Le porte-parole du NPA s'attache à des détails – de très rares relocalisations (et pour une poignée d'emplois), des aides publiques scandaleuses (mais qui pèsent peu dans la balance) – pour éviter le fond du problème, cette concurrence instaurée à l'échelle de la planète.

3° La « solution » qu'il présente – la lutte, partout, en France, en Europe, dans le monde – apparaît bien lointaine, sinon illusoire.

4° Il en ressort, finalement, un sentiment de fatalité : de toute façon, le « déclin de l'industrie vers d'autres formes d'emplois » est inévitable. Un Dominique Strauss-Kahn, une Christine Lagarde, un Jean-Pierre Raffarin ne diraient pas mieux…

« Désarroi », j'écrivais, parce que c'est mon camp, non pas le NPA en particulier, mais cette « gauche de combat » au sens large. Je la vois s'enfoncer dans unc impasse, se taper contre un mur, recommander aux travailleurs de foncer dedans à leur tour parce que, à force, il va tomber, et le capitalisme avec, et tout ira mieux. Et plus j'y réfléchis, plus le doute s'insinue : ces militants altermondialistes, qui en appellent à une autre mondialisation, ne seraient-ils pas – les mots sont durs – les « alliés objectifs » du patronat ? Les idiots utiles du libéralisme ? Des frères ennemis, mais d'accord, au fond, pour ne pas nuire au libre-échange, pour ne pas instaurer ce qui, dans l'immédiat, ennuierait le plus les multinationales : des taxes douanières…

Ces questions m'embarrassent.

Justement, Jicé vient bouffer à la maison ce soir.

C'est mon conseiller politique, un historique de la Ligue communiste révolutionnaire passé au Nouveau Parti anticapitaliste, et le meilleur diffuseur de *T'chio Fakir* : dès qu'un nouveau tract sort, il en emporte des caisses entières, 3 000, 5 000, 7 000, et avec ses copains il arrose les boîtes à lettres de la ville.

Quand j'hésite à rejoindre un parti politique – et lequel ? – ou à m'encarter à la CGT du coin – et pour quoi faire ? –, je passe chez Jean-Christophe. Qui ne m'embrigade pas franchement : à peine s'il répond quelques mots, de sa voix douce, discrète, qui contraste avec sa grande carcasse, solide, carrée, il encourage sobrement, laisse les interrogations en suspens. C'est pour ça, peut-être, que je l'ai choisi – et gardé – comme conseiller politique : il ne conseille pas…

À l'apéritif, je me retiens un peu, par politesse. Mais, devant les courgettes gratinées, je cède à ma manie protectionniste, lui raconte ma rencontre avec son leader, et mon inquiétude à l'idée qu'il existe, sur ce point, « entre l'extrême gauche et le patronat, comme, comment dirais-je, comme… », je renâcle, cherche des mots pas trop violents, je ne voudrais pas le fâcher, « comme…

– Comme une alliance objective ? il me devance.

– Voilà ! Ça t'a déjà taraudé, alors ?

– Non, mais je sais que tu penses cela. »

Comme d'habitude, malgré des désaccords, il ne cherche aucunement à me remettre dans le droit chemin, m'invite plutôt à « agiter cette idée ». Mais le scandale éclate avec sa femme, Nathalie : me voilà repeint en « nationaliste », ennemi du peuple roumain. D'autant que cette amie a découvert, sur notre mur, une carte de France avec, dessiné, un sans-culotte portant un drapeau tricolore : « Comment je vais pouvoir manger en face de cette horreur ? » lâche-t-elle, simulant la nausée. D'économique, le débat glisse vite vers la morale. Et comme j'avais plaidé pour des taxes douanières, la conversation dévie vers le Réseau Éducation sans frontières et les sans-papiers, sur cette nuit où le car de Jicé avait été arrêté, longuement, à l'entrée de la République démocratique allemande, avec des militaires peu amènes qui fouillaient les sacs.

Voilà de quoi, avec mes théories, je serais bientôt le complice : entre « allié objectif » des fascistes ou des staliniens, mon cœur balance…

SAINT-AMANT-ROCHE-SAVINE,
DIMANCHE 1er AOÛT 2010
BOULEVARD DANS LES CLASSES POPULAIRES

C'est Pierre qui m'a raconté ça tandis qu'on était en voiture.

Un dimanche après-midi où il passe chez son oncle, paysan retraité d'Ardèche, la télévision est allumée. Sur

France 5, Marine Le Pen dénonce le « mondialisme », l'« européisme », « la concurrence avec des pays où les ouvriers sont payés 300 € », réclamant « des protections aux frontières pour notre agriculture, notre industrie ». Son oncle fixe l'écran : « Mais elle a raison… elle a raison… C'est ça qu'il faudrait… » Puis il ajoute : « Non, on peut quand même pas… », s'arrêtant au milieu de sa phrase, redoutant d'être d'accord, même un instant, avec le Front national, lui, un républicain bon teint.

Cette scène traduit d'autres choses.

Je reviens d'une tournée de débats dans le Sud, Aix, Marseille, Nice, Draguignan, à l'invitation des Repaires de *Là-bas si j'y suis*. J'ai souvent abordé, à la fin, l'« hypothèse protectionniste ». Et l'argument me revient souvent : « C'est délicat. Ça fait un peu Front national. » Mais justement, je réplique : leur laissera-t-on ouvert ce boulevard dans les classes populaires ?

Hier encore, j'intervenais à La Belle Rouge, le festival de musique, théâtre, débats de la compagnie Jolie Môme, une université d'été officieuse de la gauche de gauche. Tant que j'évoquais la guerre des classes, les renoncements socialistes, l'offensive de la droite, tout se passait bien pour moi. Mais sitôt que j'ai effleuré ma proposition – la nécessité des taxes aux frontières –, j'ai essuyé un flot de reproches : que « ça fait très Le Pen, c'est aujourd'hui récupéré par le Front national ». Que « la bourgeoisie ne mettra jamais en place une option qui la dessert ». Qu'« il faut d'abord encourager les pôles de résistance, comme Goodyear ou Dunlop ». Qu'« il vaudrait mieux imposer des règles internationales ». Jusqu'à cette remarque, pour finir (énoncée par un militant de Lutte ouvrière, je pense) : « J'ai un peu étudié la question et, bon, j'ai découvert ça, les délocalisations, ça ne compte que pour 5 % des emplois perdus. 5 %, hein, mais seulement 5 %. Donc ça sert surtout d'épouvantail au patronat. »

Pour « découvrir » cette donnée, il n'y avait pas trop à « étudier la question ».

C'était l'évaluation officielle, avancée par la Direction des relations économiques extérieures : « 5 % seulement des suppressions d'emplois seraient liées à des délocalisations. » Ce qui autorisait *La Revue parlementaire* à énoncer que « les délocalisations sont encore un facteur mineur du chômage », façon de maintenir un « bilan globalement positif du libre-échange ». En 2007, dans son rapport au président de la République, Hubert Védrine se montrait déjà moins affirmatif : « Des délocalisations ont lieu et frappent les esprits. Cependant, les spécialistes divergent sur l'ampleur des pertes d'emplois qui leur sont dues (de 3 à 10 %). » Ça restait, toujours, de l'ordre du phénomène psychologique… Depuis, le vent tourne, les chiffres sont revus à la hausse, et une bataille est engagée : « Les délocalisations représentent 10 à 20 % des pertes d'emplois », titre *L'Expansion* (4 mars 2010), citant une étude de la Direction générale du Trésor et de la politique économique – quand, à partir de la même étude, le site Marianne2 vibrionne : « 63 % des destructions d'emplois dans l'industrie française dues à la mondialisation ! » (23 février 2010).

Je ne vais pas trancher cette querelle statistique.

Même pas m'immiscer dedans. J'ai lu ces « documents de travail » : les uns se contentent des « délocalisations » au sens strict, les déménagements de machines, les autres les élargissent aux effets de la concurrence internationale, mais en toute franchise je ne comprends pas grand-chose à l'« approche comptable fondée sur le contenu en emplois industriels des échanges », encore moins à cette « méthodologie alternative fondée sur une base économétrique », au « logarithme de la part de l'industrie dans l'emploi », etc.

Qu'on se penche, simplement, sur deux tableaux que j'avais commandés à l'INSEE – et un peu laissé traîner : les « 30 plus grands établissements au 31 décembre 1996 » pour le département de la Somme, et le même classement « au 31 décembre 2008 ». C'est une enquête simple, et pourtant éclairante sur le chemin parcouru, en une décennie, ici et partout en France. Sur une véritable hécatombe industrielle. Dans cette liste, au milieu des administrations et des services publics (le « centre hospitalier régional » n° 1, la « commune d'Amiens » n° 2, le « département de la Somme » n° 4, la « Société nationale des chemins de fer français » n° 5, etc.), on dénombrait encore quinze usines, à l'époque. Il en reste sept, désormais. En dix ans à peine, la moitié ont disparu de la liste : Flodor (qui a déménagé ses machines au mois d'août), la Générale sucrière (qui « réorganise sa production » vers la Silésie), Delsey (« Né pour bouger », indique sa pub, et il a d'ailleurs « créé une joint-venture avec les Chinois »), Sièges de France (Roumanie), etc.

Ça ne ferait que 5 %, tout ça ? Peut-être. Mais, alors, pas 5 % au hasard. Ce sont les plus grosses boîtes qui dégagent. Elles qui fournissaient un boulot stable, à plein temps, aux moins qualifiés, avec un revenu correct, un comité d'entreprise, etc. Ces bastions ouvriers qui, dans leur coin, dans leur « zone d'activités », tiraient les salaires vers le haut. Ou vers le moins bas. Et, une à une, nous consentons à voir tomber ces citadelles.

Ces industries, d'ailleurs, ne sont pas tellement remplacées par des « sociétés de services » : un centre d'appels, simplement, OMIEN 2, a fait son apparition dans le classement – ainsi que France Télécom. Sinon, pour le reste, c'est de l'emploi public qui truste les places : les pompiers (le « service départemental d'incendie et de secours »), la police (la « direction départementale des polices urbaines »), l'Académie d'Amiens, etc.

Quand on se raconte, après ça, que ce n'est pas si grave, qu'un peu de formation, un chouia de microcrédit pour l'autoentreprise, des services à la personne, et la difficulté sera réglée, je me dis qu'ils habitent sur la Lune, ces experts. Quand, au sein de l'extrême gauche elle-même, on récite ce « seulement 5 % », ouf, on respire, l'internationalisme peut ronronner en paix, ça relève d'une politique de l'autruche. Tandis qu'on se trouve, ici, aux premières loges pour assister à un séisme économique, et forcément social. Dont les répliques restent à venir : figurent encore, parmi les sept usines rescapées, Whirlpool, Dunlop, Valeo, Goodyear – autant de sites à l'avenir incertain. Et l'on ne parierait pas que notre « région la plus ouvrière de France » le restera longtemps.

AMIENS, LUNDI 30 AOÛT 2010
MARX ET LA POLITIQUE DU PIRE ?

Dans l'édito du dernier *Fakir*, je regrettais qu'on « laisse le monopole du protectionnisme à l'extrême droite ». Comme en réponse, j'ai reçu, ce matin, au milieu du courrier des lecteurs, un extrait de Marx. Y avait rien d'autre dans l'enveloppe, ni commentaire ni adresse, juste une photocopie de son *Discours sur la question du libre-échange*, sa conclusion :

« Ne croyez pas, Messieurs, qu'en faisant la critique de la liberté commerciale nous ayons l'intention de défendre le système protectionniste.

« On se dit ennemi du régime constitutionnel, on ne se dit pas pour cela ami de l'ancien régime. [...] En général, de nos jours, le système protecteur est conservateur, tandis que le système du libre-échange est destructeur. Il dissout les anciennes nationalités et pousse à l'extrême l'antagonisme entre la bourgeoisie et le prolétariat. En un mot, le système de la liberté commerciale hâte la révolution sociale. C'est seulement dans ce sens révolutionnaire, Messieurs, que je vote en faveur du libre-échange. »

Évidemment, on préfère avoir le grand barbu avec soi plutôt que contre. Ça facilite l'argumentation, un peu d'autorité...

Je relis le texte.

Un mot retient mon attention : « de nos jours ». J'ai lu Marx, pas dans son intégralité, loin de là, pas avec une application talmudique, pas comme on lit un prophète, au contraire : ce qui m'a plu, chez l'auteur du *18 Brumaire de Louis Bonaparte* ou de *La Guerre civile en France*, c'est l'observation, concrète, de son temps – forgeant des outils d'analyse qui dépassent son temps. Qui sait, alors, si « de nos jours », un siècle et demi plus tard, le même voterait toujours « en faveur du libre-échange » ? Ou si, à cette autre situation historique, cette concurrence entre les travailleurs à l'échelle de la planète, il apporterait une autre réponse ?

Quelle était donc sa situation historique ?

C'est en 1848, le 9 janvier, à Bruxelles, devant un cénacle démocratique dont il était le vice-président, que fut prononcé ce discours. Marx s'offrait une séance de rattrapage, en quelque sorte : il aurait dû participer, trois mois plus tôt, en septembre 1847, à un débat organisé par l'Association belge pour la liberté commerciale – un genre de lobby téléguidé par les Anglais.

Sur leur île, les free-traders avaient mené campagne, fait « marcher une armée de missionnaires vers tous les points de l'Angleterre pour qu'ils prêchent la religion du libre-échange », « imprimé et distribué gratis des milliers de brochures pour éclairer l'ouvrier sur ses propres intérêts », « dépensé des sommes énormes pour rendre la presse favorable à leur cause », « organisé une vaste administration pour diriger les mouvements », « déployé toutes les richesses de leur éloquence dans les meetings publics », tous ces efforts pour battre en brèche le protectionnisme des propriétaires terriens. Vainqueurs chez eux, les libre-échangistes britanniques livrent désormais la bataille des idées sur le continent : comme leur industrie domine, ils aspirent à faire sauter tous les verrous douaniers – et recherchent des complicités dans chaque nation. Mais la « conférence internationale » se déroule moins bien que prévu : un économiste allemand, Georg Werth, a pris « la parole au nom de ces millions de travailleurs qui, avec moi, ne peuvent croire que le libre-échange est une panacée », et ce proche de Friedrich Engels, ce membre du mouvement communiste naissant, a défendu sa thèse avec tant de brio qu'il a ruiné la bonne ambiance bourgeoise. Du coup, les organisateurs ont joué la montre, fait traîner, redoutant l'orateur suivant, et, ah, il se fait tard, déjà quatre heures ?

Bon, alors désolés, Monsieur Marx, mais nous n'aurons pas le temps d'entendre votre propos, sans doute fort passionnant… Lui aurait conclu ceci, sinon :

« Est-ce à dire que nous sommes adversaires du libre-échange ? Non pas, nous y sommes favorables, parce qu'à travers le libre-échange toutes les lois économiques, avec leurs contradictions les plus déconcertantes, agiront sur une plus grande échelle et sur un plus vaste territoire, en vérité sur le territoire de la terre entière, et que de la réunion de toutes ces contradictions en un seul et même ensemble où elles s'affronteront, résultera la lutte dont l'issue sera l'émancipation des prolétaires. »

Ces lignes dévoilent une « politique du pire » : le libre-échange sera terrible, tellement terrible que tout va s'effondrer, qu'il ouvrira la voie à la « révolution sociale », à l'« émancipation des prolétaires ». Ce cynisme, presque, on pourrait dire, Friedrich Engels le met à nu, en 1888, alors qu'il rédige une préface au *Discours sur le libre-échange* :

« Les socialistes doivent souhaiter un développement aussi libre et aussi rapide que possible de l'actuel système de production car ainsi celui-ci développera ses inévitables conséquences économiques : misère des grandes masses populaires en raison d'une surproduction qui engendrera soit des crises périodiques soit une stagnation chronique du commerce ; division de la société en une petite classe de grands capitalistes et une classe nombreuse d'esclaves salariés pratiquement héréditaires, une classe de prolétaires dont le nombre ne cesse d'augmenter pendant qu'en même temps ils se trouvent constamment remplacés par de nouvelles machines destinées à économiser la main-d'œuvre ; en un mot, une société conduite vers l'impasse, dont il n'est d'autre issue qu'une transformation complète de la structure économique qui en forme la base.

« C'est de ce point de vue que Marx, il y a quarante ans, s'est déclaré en principe pour le libre-échange comme le chemin le plus direct, celui qui conduira le plus vite la société capitaliste dans un cul-de-sac. »

C'est un pari hardi, voire dangereux, que lancent ici les deux philosophes : le plus vite possible, il faut courir au pire – à la « misère des grandes masses populaires », à la « classe nombreuse d'esclaves », à la « petite classe de grands capitalistes » – car de ce pire naîtra le meilleur. De l'enfer sortira le paradis, d'un champ de ruines des palais, d'une pluie de grêle la moisson…

Voilà une vue bien optimiste.

Il me semble, à moi, que les hommes peuvent subir leur joug bien longtemps, s'y habituer même, survivre avec, tant bien que mal, résignés, fatigués, découragés, pendant une éternité, sans que l'indigence soit mère de la révolte, sans que l'oppression produise l'explosion.

J'ai du mal, aussi, avec cette Histoire qui avancerait sur une ligne droite, qui rejoindrait sa fin, connue, inéluctable, tôt ou tard. Peut-être avait-elle un sens, encore, au XIXe siècle, avec le progrès technique qui triomphait, la bourgeoisie qui supplantait l'aristocratie, les nations européennes qui colonisaient le monde – mais, depuis, elle a fait de sacrées embardées, l'Histoire, de Verdun à Auschwitz, d'Hiroshima à Berlin, de Budapest à Santiago, et je la regarderais plutôt comme un cheval fou perdu dans la brume et se cabrant soudain.

Quant à ce Soulèvement général, à cette Apocalypse heureuse, à cette Grande Catastrophe d'où jaillira un geyser de miel, ce scénario relève pour moi de la science-fiction.

Je le sais bien : je ne suis qu'une petite fourmi, une petite fourmi qui s'adresse à des géants.

Mais tant pis :

Ce pari hardi, dangereux, Marx et Engels l'ont perdu. Cent cinquante années plus tard, leur prophétie ne s'est pas réalisée. C'est trop tôt ? Il faudrait attendre cent cinquante années, à nouveau ? Et cent cinquante années encore, au cas où ? Ou c'est demain, peut-être, qu'adviendra la société sans classes…

Ce raisonnement, j'en suis familier : étudiant à l'université, je lisais pieusement les éditoriaux d'Ignacio Ramonet dans *Le Monde diplomatique* – qui semblait annoncer, pour très bientôt, un écroulement du capitalisme, nouvelle que j'accueillais avec une moue de scepticisme, mais bon, c'est lui qui savait. Je n'ai plus 20 ans, et cette même promesse – qui déborde toujours dans la presse de gauche – me lasse franchement. Au point de m'agacer lorsque – et c'est fréquent –, dans un débat public, un auditeur en revient à cette issue : « De toute façon, ça va finir par péter, on est tombés tellement bas. Ou alors il faut attendre qu'on tombe encore plus bas ? »

On peut tomber beaucoup, beaucoup plus bas, je le crains. Sans Grand Soir pour autant derrière. Et je ne suis pas prêt à me jeter, à jeter l'humanité, dans un gouffre obscur de guerres, de misères, un gouffre dont j'ignore le fond, contre un futur éden pour les travailleurs, incertain, improbable, sans cesse remis à plus tard. Dans sa modestie, dans la médiocrité de cette tâche, je préfère l'inverse : rechercher le moins pire, au présent.

Et si germent les blés de la révolution, nous les cueillerons.

AMIENS, VENDREDI 16 JUILLET 2010
LES HÉRITIERS DE MARX

Je parcours, sur Internet, les sites des « héritiers de Marx » :

« Le protectionnisme et le libre-échangisme ne sont en réalité que deux facettes d'une même exploitation capitaliste. Ni l'un ni l'autre n'offrent d'issue à l'humanité », analyse La Riposte (« l'aile marxiste du PCF »). Et de juger, carrément – sonnez trompettes, résonnez hautbois ! –, que « le développement d'une économie internationale a préparé les bases d'un véritable paradis sur terre, pour peu qu'on la libère de la mainmise des capitalistes ». C'est comme si c'était fait…

Chez ATTAC, l'économiste Thomas Coutrot (coauteur du *Marxisme face au capitalisme moderne*) renvoie à son tour les deux camps dos à dos : « Pour en finir avec le libre-échange… et le protectionnisme ». Et de conclure : « Le mouvement altermondialiste ne peut pas se contenter de répéter les formules éculées du passé : il doit innover pour remplir sa promesse d'être le grand mouvement internationaliste d'émancipation de ce XXIe siècle. » Soit, innovons, mais encore ? L'article s'achève en l'air, sur cette injonction.

La chronique du NPA – non signée, sans doute collective – ne détonne pas : « Libre-échange ou protectionnisme, le faux choix ». Et d'assener, évidemment, que « libre-échange et protectionnisme sont les instruments d'un même système : le capitalisme, qui exploite à la fois les humains et la planète ».

Tous ces textes aspirent à dépasser l'antagonisme « protectionnisme/libre-échange », en font une fausse querelle, espèrent une troisième voie. Et moi aussi, je la souhaiterais, cette sortie par le haut : les barrières douanières ne relèvent pas franchement d'un idéal, et cet outil, je l'abandonnerais volontiers, pourvu qu'on me montre un autre moyen, disponible, efficace rapidement, de lutter contre le dumping social, fiscal, écologique. Mais on ne me montre rien. Juste des injonctions, un peu vaines, à « innover », à « se libérer de la mainmise des capitalistes », etc.

Ces penseurs s'arrêtent au milieu du gué.

Quand Marx le franchissait allègrement.

Lui ne se défilait pas, il faisait un choix, tranchait avec franchise : « Je vote pour le libre-échange », lançait-il crânement. Une logique existait, chez lui. Il indiquait un chemin – qui ne me sied pas, mais qu'importe : pousser, jusqu'à l'exaspération, les contradictions du capitalisme. Son dessein était tracé, son plan d'attaque connu.

Ces épigones, eux, ne choisissent pas. Ou si : ils optent pour le libre-échange, mais sans le dire, trop timides, juste par défaut, par un refus atavique des taxes aux frontières. Et ils ne risquent plus le pari, hardi, dangereux, du maître, ils n'invitent plus, explicitement, à courir au pire pour que naisse le meilleur. Ils n'osent plus indiquer un chemin ou l'autre, hésitent, immobiles, à la croisée, leur logique ne conduisant nulle part, sans dessein tracé, sans plan d'attaque connu, se réfugiant dans un discours qui tourne à vide.

C'est que le malaise s'est installé au cœur de cette doxa. Le doute s'immisce, comme un fantôme à chasser par des exorcismes : « *Vade retro*, protectionnisme ! »

Le papier du NPA, par exemple, en témoigne. Il s'ouvre, classiquement, par un réquisitoire contre la libre circulation des marchandises : « Le dossier à charge du libre-échange est lourd. Surtout depuis qu'il est pratiqué dans les termes voulus par les gouvernements pour être imposés par l'Organisation mondiale du commerce (OMC) : élimination par les États de tous les obstacles tarifaires (les taxes ou les aides publiques) et non tarifaires (les législations et réglementations fiscales, sociales, sanitaires, environnementales, sur les marchés publics et les investissements). [...] Ainsi est légalisé, de fait, le dumping social, fiscal et écologique. [...] Ce qui, dans le quotidien de la vie des gens, se traduit par la délocalisation des entreprises, par le démantèlement du droit du travail, par le pillage des ressources naturelles, par la destruction de la biodiversité, par la privatisation des activités de services. »

Des deux mains, on signerait.

D'autant que se dessine, en filigrane, une défense des « obstacles tarifaires et non tarifaires ». L'auteur – ou les auteurs – poursuit d'ailleurs ainsi : « D'aucuns avancent que la réponse la plus appropriée à ce retour au laisser-faire, laisser passer, cette fois étendu à la planète, serait une dose de protectionnisme. Une réaction qu'on peut comprendre, dans la mesure où la liberté de choisir comment on assure sa sécurité alimentaire, comment on met en œuvre le droit à l'eau potable, à l'éducation, à la santé, au logement, à la culture, au travail, à des moyens de se déplacer, à un environnement sain, relève de la souveraineté populaire et que celle-ci est agressée et bafouée par la logique du libre-échange. Assurer la protection de la souveraineté populaire est sans conteste la plus légitime des intentions. D'autant qu'il est manifeste que la pratique du libre-échange entre pays de niveaux économiques différents constitue une forme nouvelle de colonialisme au profit exclusif, cette fois, des firmes transnationales. »

Voilà qui paraît cohérent, une plaidoirie fort convaincante. Soudain, pourtant, les militants regimbent devant l'évidence, renâclent devant la conclusion qui découlait de leurs prémisses : « Mais le protectionnisme offre-t-il la garantie que les droits énumérés ci-dessus seront effectivement mis en œuvre ? » s'interrogent-ils. Évidemment, non : le protectionnisme n'offre aucunement la *garantie* que ces droits seront mis en œuvre. Il rend simplement leur mise en œuvre possible, permise – quand le libre-échange l'interdit. Et voilà qu'aussitôt, comme le protectionnisme ne garantit pas, à coup sûr, une société juste et parfaite, le « véritable paradis sur terre », l'hypothèse est balayée avec empressement : « Libre-échange et protectionnisme sont les instruments d'un même système. »

L'on en revient alors à des chants mieux connus, « la remise en cause du capitalisme pour résoudre à la fois la crise sociale et la crise écologique. Ce qui doit être à l'ordre du jour, c'est : comment mettre fin à la subordination de nos vies à la loi du profit ? ».

Ces buts, « remettre en cause le capitalisme », « résoudre la crise sociale et la crise écologique », « mettre fin à la subordination de nos vies à la loi du profit », ces buts nobles, majestueux, quel travailleur les désapprouverait ? Pas moi, en tout cas. Mais quel est le moyen pour y parvenir, ou juste pour avancer d'un pas, ou même pour *pouvoir* avancer d'un pas ? Là, les points d'interrogation demeurent. Le manifeste s'achève. Le silence se fait.

Voilà qui ne me convainc plus, un pareil flou. Voilà qui ne convainc pas non plus, ni dans la rue, ni dans les urnes, les ouvriers de Goodyear et compagnie.

Tant d'irréalisme, c'est presque poétique. Le capitalisme triomphe, son emprise s'étend jusque dans les têtes, et l'extrême gauche fixe néanmoins un objectif immense, magnifique : la Révolution mondiale, la mise à bas du système, une société sans classes, etc. Soit. Mais comment va-t-on passer de notre point zéro à cet infini ? En un saut de puce, on croirait presque, sans halte intermédiaire, comme par enchantement : « Tous ces faits confirment les prévisions du marxisme, l'effondrement du capitalisme dans la catastrophe sociale », entame Révolution internationale. Puis de tracer la direction, d'un souffle : « Il reste aux ouvriers du monde entier à apprendre à se considérer comme des camarades de lutte et à se tendre la main par-dessus les limites des secteurs et les frontières, pour faire de leurs mouvements une seule lutte contre le capitalisme et développer leur conscience que cette lutte ne peut trouver sa finalité que dans la destruction du système capitaliste, c'est-à-dire l'abolition du salariat et du caractère marchand de la force de travail, racine de l'esclavage du prolétariat. »

Ah bon, il ne « reste » que ça à faire.

Eh bien ça roule, alors : on se revoit dans quinze jours…

Une foi pareille ne relève plus de la politique.

Mais bien de la mystique.

Cette rengaine me lasse. Je veux dire, l'industrie subit une hémorragie d'emplois, le monde ouvrier se fait sabrer, donc, et les militants, plutôt que d'apporter les premiers soins, de stopper le saignement, échafaudent des plans sur la comète, de fins stratagèmes, la Révolution en vue et tout le bastringue. C'est comme un malade qui sortirait de l'hosto, les genoux cotonneux, mal à l'aise sur ses pattes, et à qui on voudrait faire sauter 2 mètres de haut aux JO. Pareil pour notre prolétariat, convalescent, doutant de ses forces, qui peine déjà à défendre sa retraite à 60 ans, et l'avant-garde éclairée lui assigne ce modeste objectif, d'un coup, « renverser le capitalisme », rien de moins, ce géant qui tient debout depuis cinq siècles… On comprend qu'il hésite à s'atteler à cette tâche, le peuple. D'autant que le « capitalisme », en général, ç'a l'air de quoi ? D'une abstraction, d'une idée confuse. « Et vous allez le remplacer par quoi ? » entend-on, accompagné de moues sceptiques.

Ce qui le botterait davantage, le peuple, c'est de combattre le capitalisme, oui, mais dans sa forme présente, c'est-à-dire le libre-échange – dont les salariés éprouvent quotidiennement l'oppression. Cette bataille leur semblerait plus concrète, plus immédiate, plus faisable, avec des outils déjà à portée de main : les taxes aux frontières, les barrières douanières, les quotas d'importation. On ferait un référendum, les « oui » l'emporteraient. Mais justement, pas de chance, son avant-garde éclairée, au peuple, elle n'en veut pas, de cette bataille-là, même comme d'une étape, comme d'un premier pas. Au contraire, il convient de poser une chape de plomb sur cette aspiration.

INTELLO N° 5
EMMANUEL TODD : « LE PASSIVISME DES ÉDUQUÉS »

AUBENAS, MARDI 14 DÉCEMBRE 2010
LE STOMATOLOGUE POLONAIS

« Vous dites que les usines se délocalisent. Bon, et alors ? Les ouvriers vont faire autre chose, ils vont suivre des formations, ils deviendront qualifiés, ou ils occuperont des emplois de services, ou ils se lanceront dans le tourisme… Ça prendra un peu de temps, peut-être, une ou deux générations, mais il suffit de s'adapter. »

J'intervenais, hier, en Ardèche, dans une journée de formation syndicale pour Solidaires. Et j'entends ça ! D'un militant ! Malgré mes nerfs en boule, j'attaque posément :

« Vous faites quoi, comme métier ?

– Enseignant. Pourquoi ?

– Est-ce que votre recteur vous a déjà annoncé que, à la rentrée, il supprimait votre poste ? Que vous devriez songer à une reconversion comme mécanicien ?

– Non, non, d'accord…

– Est-ce que, à un de vos collègues, on a déjà proposé de conserver son emploi, mais en Tunisie, par exemple, et pour quatre fois moins cher ?

– …

– Dites-moi ?

– Non, bien sûr.

– Donc ça va, vous, vous ne vous sentez pas trop menacé par le professeur chinois ? Moi, c'est pareil : France Inter ne va pas recruter tout de suite des reporters roumains. Et c'est pareil pour les médecins, qui ne redoutent pas trop l'arrivée du stomatologue polonais, ou pour les avocats, ou pour les éditorialistes, etc. Et nous qui sommes bien à l'abri, nous qui n'avons pas à subir cette mise en concurrence, on vient leur dire : "C'est pas si grave… Devenez qualifiés…" Quand on songe que, durant un siècle, la gauche avait lié son destin à la classe ouvrière, c'est bizarre, quand même, non, ce discours ici ? »

C'est du Todd, ce couplet. À lui que j'emprunte cette analyse de classe du libre-échange. À son livre clé, à mes yeux, *L'Illusion économique* (Gallimard, 1998) – qui reste, pour la préface, pour quelques chapitres, une fulgurante analyse de classe.

Le peuple

« L'agitation [de Mai 68] une fois retombée, les suites du gauchisme incluent une forte composante antipopulaire. Vingt ans avant Maastricht, plus de dix ans avant l'émergence du Front national, commence la mise en accusation du peuple français, sa redéfinition par des élites qui se pensent de gauche comme intellectuellement et moralement déficient. On ne peut que contempler avec tristesse une couverture de *Charlie Hebdo*, datant du 11 octobre 1971, portant en gros titre LE PEUPLE DE FRANCE, et le représentant, laid, moustache épaisse et sourcils bas, revendiquant ses valeurs “Métro, Boulot, Guillotino”. La diabolisation du peuple a précédé d’une quinzaine d’années l’émergence du populisme. Pour être plus exact, elle a provoqué cette émergence. »

La nation

« La nation, qui enferme les riches et les pauvres dans un réseau de solidarités, est pour les privilégiés une gêne de tous les instants. Elle est la condition d’existence d’institutions comme la Sécurité sociale, qui est, en pratique, un système de redistribution nationale, incompréhensible sans l’hypothèse d’une communauté d’individus solidaires et égaux. L’antinationisme est, pour des classes supérieures qui veulent se débarrasser de leurs obligations, fonctionnel, efficace, et discret. Il tend à délégitimer l’égalitarisme interne à la société, en activant le projet parfaitement honorable d’un dépassement du nationalisme et des phénomènes d’agressivité entre peuples. La rhétorique économiste de la mondialisation s’inscrit dans ce patient travail idéologique. […] Les classes supérieures françaises semblent caractérisées, en cette fin de XXe siècle, par une véritable horreur de la nation en tant que telle, qui n’évoque plus, pour elles, que la guerre et le racisme anti-immigrés. Dès 1981, Bernard-Henri Lévy, dans *L’Idéologie française*, avait identifié en notre nation un monstre abject. Bricolant l’histoire, il plaçait au centre de la culture française la tradition maurrassienne et vichyste minoritaire.

« Le Paris des bac + 5 (ou plus vraisemblablement + 2) s’est enflammé pour la défense des droits des immigrés, après s’être ému des problèmes des sans-papiers, mais il n’arrive toujours pas à s’intéresser au peuple des provinces, torturé par une politique européenne et économique qui n'en finit pas de faire monter le taux de chômage. [...] Partout, l'émergence d'une strate culturelle supérieure, comprenant en gros 20 % de la population, semble briser l'homogénéité de la nation et rendre possible une solidarité supranationale des privilégiés. »

La pensée unique

« [Voilà] le dénominateur commun à toutes les pensées uniques : la nation n'existe plus. Mais quoi de plus négatif que cette glorification du néant, cette croyance en l'inexistence de la collectivité humaine la plus évidente et la plus banale, cet hexagone, ces Français dont nous parlons la langue et dont nous partageons le numéro de Sécurité sociale ? [...]

« Nous devons accepter l'évidence : il n'y a RIEN dans la pensée unique, qui est en réalité une non-pensée, ou une pensée zéro. Cette pensée zéro se contente de hurler l'inévitabilité de ce qui est ou de ce qui advient. Aux États-Unis, elle clame l'inévitabilité de l'ultra-libéralisme. En France, celle de la monnaie unique et du libre-échange. Elle est Pangloss dans le *Candide* de Voltaire : tout est pour le mieux dans le meilleur des mondes possible. [...] Le trait central et unificateur de la pensée zéro est une glorification de l'impuissance, une célébration active de la passivité que l'on doit bien désigner par un terme spécifique : le passivisme. [...]

« Même la monnaie unique, à l'origine projet positif quoique mal pensé, n'apparaît plus à la veille de sa réalisation que comme un “machin qui arrive”, qu'on ne peut empêcher, qu'on accepte sans même croire au moindre de ses avantages économiques. On s'y soumet désormais, comme au libre-échange, par passivisme. »

Le divorce

« Reste à expliquer la fixation privilégiée de cette pensée zéro dans quelques secteurs spécifiques de la société. Pourquoi le vide, le néant, irait-il se loger ici plutôt qu'ailleurs ? […] Pour être conduit à s'insurger contre le néant, il faut que ce néant fasse mal, qu'il produise de la souffrance. C'est ici qu'intervient la structure de classe. […]

« Dans les années 85-95, niveaux de revenu et taux de chômage révèlent la situation privilégiée des titulaires de diplômes. Dans la France de 1992, une formation supérieure se soldait par un taux de chômage moyen de 4,4 % seulement. Une telle proportion n'est pas encore très éloignée du plein emploi. Une éducation n'allant pas au-delà du premier cycle du secondaire – en termes de diplôme, du brevet – induisait statistiquement un taux de chômage de 12,1 %. […]

« Jamais une telle masse culturelle n'avait existé en haut de la société, dont la capacité de domination est infiniment plus réelle que celle du capital. […] C'est la combinaison de l'aisance économique relative et de la compétence culturelle qui crée l'effet de domination. C'est l'acceptation par ce monde de la pensée zéro qui établit la toute-puissance du néant. Une fois posée l'existence de cette catégorie, une bonne partie des contradictions morales de la période s'effacent. Les bonnes intentions d'une classe fortement éduquée s'investissent dans la défense des valeurs morales, dans l'hostilité à la peine de mort, dans le refus du racisme, et dans un attachement sans faille à la liberté d'expression. Ses bons revenus et sa bonne insertion sur le marché du travail s'expriment par le passivisme : acceptation du libre-échange et de la politique du franc fort, indifférence (ou peut-être devrait-on dire tolérance) aux souffrances des milieux populaires. »

La gauche

« Les enseignants, qui constituent l'un des cœurs sociologiques de la gauche, sont faiblement menacés par l'évolution économique. N'ayant pas à craindre au jour le jour le licenciement ou une compression de salaire, ils ne se sentent pas menacés d'une destruction économique, sociologique et psychologique. Ils ne sont donc pas mobilisés contre la pensée zéro. [...] Sans être le moins du monde "de droite", statistiquement, ou favorables au profit des grandes entreprises, ils sont atteints de passivisme et peuvent se permettre de considérer l'Europe monétaire et l'ouverture des échanges internationaux comme des projets idéologiques sympathiques et raisonnables. [...] L'acceptation implicite de la gestion économique par cette catégorie sociale, idéologiquement et statistiquement beaucoup plus importante que les "bourgeois" ou les hauts fonctionnaires, assure la stabilité européiste et libre-échangiste du Parti socialiste, dans ses tréfonds militants et non pas simplement parmi ses dirigeants. On peut ici formuler une prédiction de type conditionnel : si les enseignants viraient sur les questions de la monnaie unique et du libre-échange, la pensée zéro serait, du jour au lendemain, morte, et l'on verrait se volatiliser les prétendues certitudes du CNPF [le MEDEF d'alors] et de Bercy.

« L'immobilité idéologique des enseignants les a séparés de cet autre cœur sociologique de la gauche que constituent les ouvriers, qui eux subissent, depuis près de vingt ans, toutes les adapatations, tous les chocs économiques concevables. Les résultats électoraux des 1988-1995 mettent en évidence cette dissociation, peut-être temporaire, des destins. La stabilité du vote enseignant pour la gauche, aux pires moments de la plongée du Parti socialiste, a contrasté avec la volatilité du vote ouvrier, désintégré, capable de se tourner vers le Front national comme vers l'abstention. »

Le Front national

« La "plongée" d'une proportion importante d'ouvriers, ou, plus généralement, de membres des catégories populaires, dans le vote Front national conduit à une situation sociologique et psychologique originale. Le pauvre, dans le regard du riche, commence d'être défini par son naufrage moral autant que par ses difficultés économiques. C'est ainsi que naît le climat très particulier des années 90, durant lesquelles les milieux populaires sont systématiquement dénoncés. C'est sans doute un moment de bonheur intense pour les catégories supérieures de la société, qui peuvent ainsi jouir, simultanément, de leurs privilèges matériels et du sentiment d'être du côté de la justice. Rarement une société aura tant donné à ses élites : la culture, l'argent, et la bonne conscience en prime.

« La société française des années 1988-1998 combine un discours civilisé, soft, moderne, sur les droits de l'homme, la démocratie et la sexualité, à une gestion féroce, cruelle, indifférente, des rapports économiques et sociaux. Le libre-échange et la politique du franc fort ont imposé à l'économie des adaptations aussi dures qu'inutiles, les élites ont infligé à la société des souffrances inouïes. Le vote Front national ne révèle pas une violence populaire spécifique, il n'est que le reflet, dans les milieux populaires, de la violence de la classe dirigeante. »

SAINT-JULIEN-DU-SERRE,
MERCREDI 15 DÉCEMBRE 2010
AUTISME

Le démographe a publié *L'Illusion économique* – et ça s'entend – dans l'après-Maastricht : le « oui » passiviste l'avait alors emporté d'un cheveu. Depuis, le « non » a tout écrasé : l'aspiration populaire s'est faite plus nette. Le refus du libre-échange, plus massif. La fracture de classes, manifeste : 79 % des ouvriers ont rejeté le Traité constitutionnel européen, le 29 mai 2005. 67 % des employés. 71 % des chômeurs. Alors que les cadres et professions libérales préféraient le « oui » à 65 %, un « oui » qui plafonnait à 66 % dans un Paris devenu Versailles. Un sondage grandeur nature.

Bien des choses ont bougé, durant ces années – et dans le bon sens : la question sociale est revenue sur le devant de la scène. Le libéralisme a pris du plomb dans son aile droite. Le racisme social s'est estompé : les bobos de la Villette jouent aux boules et boivent du pastis. Une fraction des diplômés « galère », et une jonction semble possible avec les prolétaires.

Une chose qui n'a pas bougé, en revanche, c'est l'autisme des « 20 % ». Et pas seulement des PDG, ou des médias, ou de Sarkozy, mais de la gauche aussi. De la gauche de gauche. Des syndicats. Où, là comme ailleurs, la « strate culturelle supérieure » occupe les postes de pouvoir et de représentation.

7

INTERNATIONAL PROTECTIONNISTES DE TOUS LES PAYS…

BURKINA FASO, MARDI 15 FÉVRIER 2011
FASO DANFANI

« Produire en Afrique, transformer en Afrique et consommer en Afrique : consommons ce dont nous avons besoin, et consommons ce que nous produisons – au lieu d'importer. Le Burkina Faso est venu vous exposer ici la cotonnade produite au Burkina Faso, tissée au Burkina Faso, cousue au Burkina Faso pour habiller les Burkinabés. Ma délégation et moi-même sommes habillés par nos paysans, nos tisserands. Il n'y a pas un seul fil qui vienne de l'Europe ou de l'Amérique. (Applaudissements.) Je ne fais pas un défilé de mode, mais je voudrais simplement dire que nous devons accepter de vivre africain ; c'est la seule façon de vivre libres et de vivre dignes. Je vous remercie, Monsieur le Président. La patrie ou la mort. Nous vaincrons. »

Pour Thomas Sankara, ce fut la mort.

Quand j'ai visionné cette archive dans le documentaire *Noir Coton*, de Julien Desprès, l'idée m'est venue de retourner sur place, à Ouagadougou, voir si, finalement, maintenant, ils ont bâti une industrie textile ou pas. J'ai contacté le réalisateur

– qui m'a envoyé quelques coordonnées, dont celles du père Maurice Oudet, un militant associatif :

« Oui, Thomas Sankara avait relancé le "Faso Danfani". Il avait obligé tous les fonctionnaires à se vêtir à l'africaine. Tous les Burkinabés connaissent encore ces slogans... Mais, avec son assassinat, tout a été réduit à zéro. Le pays s'est ouvert à tous les vents libéraux.

– Et vous portez quoi, alors ?

– De la friperie. Il faudrait se protéger de la friperie. Mais, pour nous, c'est secondaire. Le plus grave, c'est l'alimentation. Vous prenez le lait, les gens achètent des boîtes de lait concentré. Les vaches sont en Irlande, c'est transformé en poudre sur place, ils mettent ça en conserve au Ghana, et c'est vendu ici moins cher que le lait frais du paysan ! Pareil pour le riz : plutôt que de produire ici, on se nourrit avec le vieux riz vietnamien...

– Et c'est quoi, d'après vous, les solutions ?

– Il nous faut des protections douanières. Il faut sortir de l'Organisation mondiale du commerce. Il faut refuser les accords de partenariat imposés par l'Europe. Tant que nous n'aurons pas des taxes importantes sur les importations, on interdira tout développement de l'agriculture, de l'industrie...

– Donc, vous réclamez du protectionnisme ?

– Si vous voulez. Le mot ne m'effraie pas. Même si, à Dakar, c'était plutôt repris sous la forme de "souveraineté alimentaire".

– Et vous en discutez souvent, du protectionnisme ?

– Non, on n'en discute plus tellement. Parce qu'il me semble que, entre nous, on est tous d'accord. Ça fait des années qu'on dresse ce même constat. »

Ce constat, en effet, son site Internet, www.abc-burkina.net, très documenté, le dresse amplement :

« Depuis deux mois, tous ceux qui s'expriment sur la crise alimentaire ne cessent de répéter : “On paye vingt années d'erreurs.” Beaucoup conseillent d'investir dans l'agriculture. Mais qui va investir dans la production laitière sans l'assurance que le lait en poudre ne retrouvera pas dans quelques mois les prix antérieurs ? Qui va investir dans la production de concentré de tomate tant que l'État ne taxera pas à l'importation le concentré de tomate chinois, mis en boîte en Italie et omniprésent dans toute l'Afrique de l'Ouest ? »

Et d'offrir un modèle alternatif – citant Jacques Berthelot, dans *Le Monde diplomatique* : « L'effet spectaculaire de la protection exercée sur une production agricole ressort bien si on établit une comparaison entre le Kenya et l'UEMOA [l'Union économique et monétaire ouest-africaine] : le droit de douane sur la poudre de lait est passé dans le premier de 25 % en 1999 à 35 % en 2002 et à 60 % depuis 2004, alors qu'il est resté à 5 % dans la seconde. Le Kenya est un exportateur net croissant de produits laitiers, avec une consommation intérieure de cent douze litres par personne ; à l'inverse, les importations en équivalent lait représentent 64 % de la production de lait de l'Afrique de l'Ouest, et la consommation par personne n'y atteint que trente-cinq litres. »

Un reportage au coin de la rue à Koudougou montre bien des aberrations : « La boutique peut passer inaperçue. Elle ne paye pas de mine. Et pourtant, si vous prenez le temps de vous attarder sur les rayons et de lire les étiquettes, vous serez surpris. En moins d'une heure, sur quelques mètres carrés, nous allons faire un véritable tour du monde ! Sur cette première photo (à droite), que voyons-nous ? Des sardines en provenance du Maroc, de la confiture de France (fraise et abricot), de la confiture du Burkina (mangue, ananas et goyave), du riz thaïlandais (de qualité, à 800 francs le kilo), et du couscous de Tunisie ! Nous venons déjà de “visiter” cinq pays de trois continents. [...] Que dire après cette brève visite ? Le plus évident : les effets de la mondialisation sont bien là : dans cette boutique de quartier, nous avons vu des produits en provenance de 22 pays (Asie, 7 pays ; Europe, 6 pays ; Afrique, 6 pays, dont 4 d'Afrique de l'Ouest ; Amérique, 3 pays). [...] Le gouvernement burkinabé a annoncé une usine de transformation de tomates. Très bien. Mais il faut annoncer également des mesures d'accompagnement. Par exemple : le concentré de tomate devrait être taxé à l'importation à 35 % ! »

Les barrières douanières sont un outil pour les salariés du Nord. Mais c'est un impératif pour les paysans du Sud...

MARSEILLE, MERCREDI 24 MARS 2010
LE MANDARIN CHINOIS

« Mais vous le savez, quand même, que des millions de Chinois sont sortis de la pauvreté ? » Dans la salle bondée, à Marseille, hier soir, un jeune homme se dresse, en colère, le doigt un peu accusateur : « Hein, qu'est-ce que vous en faites, de la classe moyenne chinoise ? »

J'ai bafouillé, m'excusant presque, pris en flagrant délit d'égoïsme, comme quoi « Jamais je ne m'étais rendu en Chine pour vérifier... », bref, un truc pathétique. C'est que le fond de ma pensée était pire. Je pensais – et je pense toujours : « Je ne suis pas là pour faire le bonheur de la classe moyenne chinoise. »

Avec une pareille réplique, évidemment, je me serais aliéné mon public, si généreux. Et, après deux heures de débat, déjà usé, fatigué, il m'aurait fallu batailler, argumenter...

J'ai manqué de ce courage. Que je me rattrape ici.

Avez-vous lu *Le Père Goriot* ?

Vous souvenez-vous de ce passage où Rastignac demande à Bianchon :

« As-tu lu Rousseau ?

– Oui.

– Te souviens-tu de ce passage où il demande à son lecteur ce qu'il ferait au cas où il pourrait s'enrichir en tuant en Chine par sa seule volonté un vieux mandarin, sans bouger de Paris ?

– Oui.

– S'il t'était prouvé que la chose est possible et qu'il te suffit d'un signe de tête, le ferais-tu ?

– Est-il bien vieux, le mandarin ? Mais, bah ! jeune ou vieux, paralytique ou bien portant, ma foi... Diantre ! Eh bien, non.

– Tu es un brave garçon, Bianchon. »

L'hypothèse relevait, chez Balzac, du conte fantastique. Mais voilà que cette hypothèse, aujourd'hui, nous devrions la prendre au sérieux : oui, sans bouger de Paris, désormais, nous pourrions non plus tuer le mandarin chinois et hériter de sa fortune, mais au contraire faire son bonheur...

C'est étonnant comme les idées dominantes épousent les intérêts dominants.

Jusque dans les années 60, les capitalistes – les « monopoles », comme on cause à cette époque – produisent et vendent en France (en exploitant les matières premières des colonies). Et la conscience nationale, avec drapeau tricolore et *Marseillaise*, demeure alors la norme : on veille avant tout à la prospérité des Français.

Puis les capitalistes – les « groupes », comme on cause alors – sont devenus européens, ils produisent et vendent de l'Atlantique à l'Oural (en exploitant toujours les matières premières des anciennes colonies). Et, à notre tour, notre conscience s'est élargie, européenne elle aussi : cadre dans l'agro-alimentaire, sa société rachetant des conserveries à l'Est, mon père revient d'un séminaire d'entreprise presque ému, me confiant qu'« avec tout ce qu'ils ont subi, on ne peut pas laisser tomber les Polonais ». On veillera à leur prospérité, donc, en même temps qu'à la nôtre, et à celle des Espagnols, des Roumains, etc.

Enfin, ultime étape, les capitalistes – les « multinationales » – jonglent entre les continents, sous-traitent la production en Inde, rachètent des sociétés en Bolivie, sont finalement avalés par un groupe canadien, bref, se mondialisent (en exploitant – là, rien ne varie – les matières premières des anciennes colonies). Et, à notre tour, notre conscience s'est mondialisée : quel artiste ne se revendique pas « citoyen du monde » ? Une tarte à la crème qui ne contient plus rien de subversif. Et l'on veille alors à la prospérité des Européens, bien sûr, mais on tient compte aussi des Chinois, des Indiens.

En quelque sorte, notre regard s'est délocalisé avec l'industrie. Il a perdu son *lieu*. Le « ici et maintenant » ne lui suffit plus : non, il lui faut emprunter le point de vue chinois, roumain, peser le pour et le contre, et finalement s'embrouiller, incertain, indécis, comme quoi la fuite du textile condamne certes le prolétariat de la Somme, mais aide les Asiatiques, à moins que ce ne soit au détriment des Malgaches, etc.

Quand les capitalistes, eux, conservent une vision claire, et simple : celle de leur portefeuille...

Ils ont réussi encore mieux dans nos esprits.

Avec quel instrument faire le bonheur du travailleur chinois sans bouger de Paris ? En signant des pétitions pour la libération des manifestants de Tiananmen ? En réclamant la liberté syndicale à Pékin ? En défilant Bastille-Nation aux cris de « Une Sécurité sociale pour les mingongs » ?

Au contraire : en laissant faire le marché.

En achetant des chaussures Nike chez Decathlon, une piscine en plastique chez Carrefour, une imprimante Canon chez Darty, la veste la moins chère chez Gémo, tout cela *« Made in China »*, voilà comment faire le bonheur du travailleur chinois. C'est formidable, ce labyrinthe de la raison, ce coup de billard à quatre-vingts bandes qui voudrait que, plus nos firmes se tournent vers les « pays à bas coût de main-d'œuvre », plus elles exploitent leurs salariés, fils des campagnes arrachés à leurs terres, émigrés de l'intérieur à la paie dérisoire, logés dans des appartements minuscules et surpeuplés, juste assez de sommeil pour repartir à l'usine, risquant l'accident avec la fraiseuse et sans droit ni au chômage ni à la retraite, mais, étrangement, plus nos firmes les exploitent, plus nos chariots sont remplis de *« Made in China »*, plus nous faisons *sur le long terme* le bonheur du travailleur chinois.

D'un mal naîtrait un bien. La vertu n'a jamais coûté aussi peu : elle est même en promotion dans tous les supermarchés. Que les consommateurs se laissent guider par leur pingrerie, que les géants de la distribution ne s'attachent qu'à leur marge, que les grandes marques ne lorgnent que leurs bénéfices – et voilà le plus sûr chemin pour que l'Humanité s'épanouisse ! À l'inverse, on s'en doute, combattre ce mal – par des réglementations, des taxations, des importations limitées, refusant que des emplois socialement encadrés ici deviennent du servage là-bas –, c'est empêcher le bien d'advenir, l'Humanité de s'épanouir…

Les sophistes ont bien œuvré, à nouveau : de l'esclavage antique jusqu'aux conquistadores, du commerce de bois d'ébène jusqu'aux guerres coloniales, ils ont fabriqué, toujours, à force de rhétoriques, de paradoxes, une vérité adaptée aux profits des maîtres. Aujourd'hui encore. Car le *long terme* demeure hypothétique, lointain. Sur le court terme, en revanche, et à coup sûr, nous faisons le bonheur des Nike, Decathlon, Carrefour, Canon, Darty, etc. Qui applaudissent cette généreuse philosophie.

Je refuse d'entrer, même d'un pas, dans ce labyrinthe de la raison, dans ce jeu de ricochets qui voudrait qu'on déshabille ma région pour mieux rhabiller Shanghai, dans ces paradoxes qui mènent tous à la même conclusion : laisser faire, laisser faire le marché, laisser faire la loi de l'offre et de la demande, et de ce laisser-faire naîtra l'harmonie universelle.

Que la Chine se développe, tant mieux, et son « formidable effort national » mérite le respect. Que sa transformation, chaotique, broie des existences, sans doute par millions, comment s'en offusquer : toutes les révolutions, même les « industrielles », se font dans le bruit et la douleur. Qu'elle s'impose sur la scène internationale face à l'hégémonie américaine, voilà qui – à vue de nez – me paraîtrait presque rassurant. Bref, je ne crains pas l'empire du Milieu.

Mais – j'y reviens – qu'on ne me demande pas, d'ici, depuis la Picardie, de faire le bonheur du travailleur chinois. Ou coréen. Ou brésilien. Ou roumain, même. C'est une illusion que cet « effet papillon », ce battement d'ailes à Londres qui provoquerait une tornade à Taiwan, cet achat à Amiens qui ferait ruisseler des euros dans le bassin de Sichuan. C'est l'esprit de colonisation qui continue, même, je trouve, la « mission civilisatrice » de l'Occident qui se poursuit sous des dehors consuméristes : comme si le bonheur des travailleurs chinois, coréens, brésiliens, roumains dépendait de nous – et non, avant tout, des travailleurs chinois, coréens, brésiliens, roumains eux-mêmes. C'est une ambition démesurée, chimérique, mensongère, une bienfaisance largement au-dessus de nos forces, que cette joie mondiale à répandre (sans bouger de Paris).

Cette ambition de mégalo, je la remplacerais volontiers par une autre. Beaucoup plus modeste, certes, mais plus tangible : plutôt que d'apporter le bonheur, indirectement, cesser de porter le malheur, directement. Que nous arrêtions de nuire, d'abord. Que nous stoppions le pillage de l'uranium, du cobalt, du coltan, du pétrole, des diamants, destinés à nos centrales nucléaires, à nos batteries, à nos téléphones portables, à nos voitures, à nos maîtresses, richesses arrachées dans les larmes des guerres, de la misère, sang qui souille nos achats quotidiens, fumier dont sont faits les records du CAC 40. Que nous laissions ces peuples libres d'élire qui bon leur semble, pour mener la politique commerciale qu'il leur plaira. Que nous fassions notre possible, ici et maintenant, chez nous, contre nos firmes, nos armées, nos gouvernements, qui mettent l'Afrique, notamment, en coupe réglée.

Il aurait fallu que je lui réponde tout ça, à ce jeune homme qui se dressait devant moi, en colère, dans cette salle bondée de Marseille. Qu'on s'interroge, ensemble, sur cet internationalisme qui, à mon avis, se fourvoie, égaré dans les méandres du libéralisme, confondant bizarrement le « Prolétaires de tous les pays, unissez-vous ! » et la libre concurrence des travailleurs entre eux. Qu'on se demande, à voix haute, avec ce public généreux, ce qu'exige la plus évidente, la plus basique fraternité humaine : la lutte, à force d'organisation, de pressions, de manifestations, contre tous les Areva, les Total, les Bolloré du Nord, la solidarité internationale contre nos exploiteurs nationaux – ou l'entrée détaxée des containers de babioles chinoises ? Qu'on voie si, finalement, avec notre charité mal ordonnée, nous ne signons pas un marché de dupes…

AMIENS, JEUDI 16 MARS 2011
GAINS OU PERTES POUR LES PVD ?

Le Seuil m'a envoyé les épreuves du dernier livre de Jacques Sapir, *La Démondialisation*.

Qui pose cette question : « À qui profite la globalisation ? »

L'économiste conteste, d'abord, la mesure de ces transferts de richesses. Avec un exemple :

« Prenons la question des déchets, en particulier ceux de ce bien qui constitue un archétype de la mondialisation : le téléphone portable. Les déchets électroniques croissent au rythme de 40 millions de tonnes par an.

« Il s'agit de déchets qui sont hautement toxiques dans certains cas. Le mécanisme du libre-échange permet la circulation de ces déchets et leur rachat par des firmes sises dans des pays pauvres. Or l'activité de retraitement de ces déchets, si elle va enrichir les propriétaires de ces firmes et provoquer une hausse comptable du PIB, va en réalité appauvrir globalement la population des régions où ces firmes sont situées. En effet, ce retraitement se faisant pratiquement sans aucune protection, non seulement la santé des travailleurs est directement menacée, mais aussi, par les écoulements de résidus toxiques, c'est bientôt le système des nappes phréatiques qui sera contaminé. Ainsi, sous prétexte d'apporter une activité dans un pays pauvre, ce qui est le grand argument des défenseurs de la globalisation, on provoque une dégradation globale de l'environnement des populations concernées, et le tout pour le plus grand profit de quelques-uns. Il faut noter que cette dégradation de l'environnement n'est pas directement calculable. Des estimations pourraient être faites, sur la base de prix fictifs pour ces divers services de santé et de dépollution. Mais le calcul n'est jamais tenté. Aussi cela permet-il aux cuistres qui nous entourent de proclamer, haut et fort, qu'il y a eu un accroissement de la richesse engendrée par le transfert de ces déchets. »

Mais même en acceptant cette mesure du PIB, les statistiques officielles ne témoignent pas, ou plutôt ne témoignent plus, d'un transfert de richesses vers les pays en développement :

« Lors de la préparation du sommet de l'Organisation mondiale du commerce (OMC) de Cancún en 2003, on pouvait lire et entendre des estimations des gains de la libéralisation du commerce mondial se montant à plusieurs centaines de milliards de dollars. Le modèle LINKAGE, utilisé par la Banque mondiale, annonçait un gain total de 832 milliards de dollars, dont 539 uniquement pour les PVD. De tels chiffres ont popularisé l'idée que le libre-échange était une nécessité pour le développement de ces pays. C'est dans ce cadre que s'est développée toute une rhétorique qui accrédite l'idée que nos niveaux de protection sociale et écologique sont des "luxes" de nantis. Pourtant, lors des discussions préparatoires au sommet de l'OMC qui se tint à Hong Kong en 2005, l'estimation des gains totaux était tombée aux environs de 200 milliards de dollars. Le gain pour les PVD semblait très faible, et en particulier si l'on retirait la Chine de ce groupe de pays. Une telle variation dans les estimations, et en si peu de temps, laisse rêveur. »

C'est-à-dire que, confrontée au réel, la Banque mondiale a divisé par quatre ses propres estimations ! Laissant tout juste de quoi tirer un « bilan globalement positif du libre-échange ». On imagine la crédibilité d'un médecin, d'un astronome, etc., qui se planterait dans de telles proportions : il serait bien vite discrédité. Mais cette institution, peuplée d'économistes par centaines, se livre tranquillement à des évaluations au doigt mouillé. Qui servent de base aux discussions internationales…

Et Jacques Sapir de réintroduire, dans ces calculs, une donnée négligée :

« Ces modèles, de plus, ne prennent pas en compte les “coûts d’opportunité” induits par la libéralisation des échanges. Le désarmement douanier se traduit par une baisse des revenus fiscaux.

Tableau 4
Gains et coûts de la libéralisation des échanges

(Milliards de dollars us)	gtap 2005	linkage 2005
Gains totaux	84	287
Gains des pvd	22	90
Évaluation des coûts		
Pertes fiscales pour les pvd	– 60	– 60
Coûts administratifs dans les pvd	– 4,4	– 4,4
Total des coûts pour les pvd	– 64,4	– 64,4

Une fois soustraites ces « pertes fiscales pour les PVD », et d’après les modèles utilisés par la Banque mondiale elle-même, « il y a donc, en analyse statique, une perte nette pour une période ».

Et même pour la Chine : est-ce bien le libre-échange qui a tiré « 200 millions de Chinois de la pauvreté » ? Yasheng Huang, professeur d’économie au Massachusetts Institute of Technology, en doute. D’après ses calculs, 154 millions d’habitants sont sortis de cette catégorie au cours des années 80 : dans une économie alors très fermée, Deng Xiaoping mène des réformes pour soutenir l'entrepreneuriat rural. Et ça marche… presque trop bien : une petite bourgeoisie émerge, indépendante du pouvoir. La révolte de 1989 intervient et, après la répression de Tiananmen, s'opère, au sommet, un changement de stratégie : ouverture à la mondialisation et, sans la moindre contradiction, reprise en main des entreprises par le Parti communiste chinois. Avec, en parallèle, l'étouffement des petits entrepreneurs dans les campagnes. Or, durant la décennie suivante, qui vit l'explosion des exportations chinoises et des investissements étrangers, seuls 62 millions de Chinois, selon les statistiques officielles, se sont extraits de la pauvreté. Soit deux à trois fois moins que durant la première période, « protectionniste », elle. Il n'est pas certain, donc, que nos tee-shirts importés par containers contribuent tant à la prospérité de ce peuple. Et encore moins à sa démocratie.

SAINT-JULIEN-DU-SERRE, MARDI 10 AOÛT 2010
AUTORÉGULATION PAR LA LUTTE

« Tiens, François, lis ça, ça va te plaire… »

Le facteur vient de passer, en Ardèche, apportant *Le Monde*, et Pierre entame sur la terrasse, à voix haute, la lecture de l'édito : « Bonne nouvelle : les ouvriers d'Asie se révoltent ! »

Ça renvoie à un reportage publié plus loin, dans les pages International.

Au Bangladesh, « une commission composée de représentants du gouvernement, des ouvriers et du patronat a décidé d'augmenter le salaire minimum de 80 % à 3 000 takas (32,6 euros), contre 19 euros auparavant ». Ce progrès social immense a fait l'objet d'une évaluation scientifique : « La commission des salaires a calculé le nombre de calories journalières dont a besoin un ouvrier pour survivre. "3 200 calories par jour, soit environ 27 euros par mois", explique froidement le juge Ikteder Ahmed, président du comité. Voilà comment, au Bangladesh, un ouvrier qui doit subvenir aux besoins d'un autre que lui, comme c'est souvent le cas, tombe au-dessous du seuil de pauvreté en travaillant jusqu'à 10 heures par jour, 6 jours sur 7. » Malgré la bonne nouvelle, les petites mains du textile n'ont pas applaudi : « Dans les jours qui ont suivi l'annonce du nouveau salaire minimum, cinquante usines ont été saccagées, et près d'une centaine de manifestants ont été blessés dans des affrontements avec la police. » À vrai dire, je ne croyais même plus que c'était possible, 32,6 euros (ne pas oublier le « virgule 6 » : il doit avoir son importance pour les hommes condamnés à vivre avec ces rogatons). J'imaginais que chez tous les sous-traitants des multinationales (ici H&M, Zara, etc.) on atteignait la barre des 100 dollars.

Bien sûr, règne ici « l'interdiction des syndicats » – et ce sont « les acheteurs internationaux [qui] jouent le rôle des syndicats » ! Les salariés doivent être défendus bec et ongles… « Avec sa sœur et ses parents, Arjun vit dans une petite pièce à peine plus grande que le lit sur lequel tous dorment entassés. La cuisine, un point d'eau partagé avec les autres habitants du bidonville, se trouve à l'extérieur… Ici, les réprimandes sont sévères. Un contremaître hurle, la main levée, sur une ouvrière, tandis qu'à ses côtés d'autres cousent à un rythme effréné des tee-shirts dans une chaleur étouffante. Tous sont payés à la quantité produite… "Mais nous ne pouvons pas augmenter les salaires. Sinon des usines vont fermer", prévient Munsur Khaled [du MEDEF local]. »

À la une, donc, l'éditorialiste en tire une belle leçon, bien optimiste : « Bonne nouvelle : les ouvriers d'Asie se révoltent ! »

« En matière sociale aussi, se lance le billettiste, c'est en Asie que le monde se transforme à toute allure. Les pays asiatiques connaissent aujourd'hui des conflits sociaux de grande ampleur, alors qu'en Occident les salariés restent – pour l'instant – tétanisés par la crise, le chômage, la pression sur les salaires et les plans de rigueur budgétaire. » Évidemment, nos salariés occidentaux ne sauraient être « tétanisés » – l'hypothèse n'est pas citée – par cette « concurrence libre et non faussée » avec des travailleurs payés des miettes.

Passons sur cet oubli.

« Ces conflits sociaux et les fortes augmentations des rémunérations qui en résultent en Asie sont une excellente nouvelle. [...] Les délocalisations dans les pays asiatiques vont devenir de moins en moins attractives au fur et à mesure que le coût du travail y progressera. En outre, tous ces salariés mieux payés constitueront peu à peu de nouveaux clients à qui vendre des sacs à main et des automobiles, ou de nouveaux touristes à accueillir. En se battant pour leurs salaires, les ouvriers chinois ou bangladais défendent aussi nos emplois. »

Notre plume anonyme a juste oublié de conclure : « Tout ira pour le mieux dans le meilleur des mondes. » Tant on croirait que le philosophe Pangloss a suivi unc formation accélérée en économie...

Ce raisonnement étalé ici, plein d'insouciance, presque guilleret, les journalistes du *Monde* n'en détiennent malheureusement pas le monopole. Il s'étale partout. Il a conquis les esprits. À la sortie d'une Teuf à Babeuf, à Amiens, après un débat sur le protectionnisme, une élue communiste interpellait Emmanuel Todd : « Mais vous ne croyez pas que les Roumains vont se révolter ? Et les Indiens aussi ? Et qu'à la fin leurs salaires seront proches des nôtres, et que donc le patronat ne pourra plus délocaliser ? » L'auteur de *L'Illusion économique* grimaçait, dubitatif, entamant sa réponse par un « Non, il me... » aussitôt coupé par son interlocutrice : « Eh bien, moi, je crois que si. » Cette ouvrière chez un sous-traitant automobile, déléguée CGT, n'aurait pas assené cela il y a vingt ans. Elle l'assène désormais, sincèrement convaincue – le travail idéologique a porté ses fruits...

Car c'est le nouveau visage du « laisser-faire ».

Qu'énonçaient, auparavant, les libéraux ? Que grâce à la loi de l'offre et de la demande (avec les « avantages comparatifs », la « spécialisation des zones », etc.) le monde parviendrait à un équilibre, et qu'il suffisait de patienter. Cette apaisante doctrine a pris du plomb dans son catéchisme. On lui a donc ajouté un élément pour la rendre plus présentable, plus conforme à l'air du temps : grâce à la loi de l'offre et de la demande *et* aux luttes des travailleurs dans les pays à bas coût, le monde parviendra à son équilibre.

Marx est réconcilié avec Ricardo. Tacitement, ce nouveau credo a emporté l'adhésion quasi générale. Mais le postulat central demeure : il suffit, encore et toujours, de patienter – avec un fatalisme optimiste. « En Occident », les salariés n'ont qu'à jouer les spectateurs, passifs. Au fond, et c'est l'essentiel, perdure une démission de la politique : nulle décision à prendre, ni contre le libre-échange, ni contre les Zara, H&M, etc. Aucune urgence à imposer, dès maintenant, des entraves à la démesure du Capital.

Cette autorégulation par un mix de luttes et de marché, je n'en crois pas un mot.

Ou, plutôt, ce sera pour quand, cet « équilibre » promis ? Dans combien de siècles les firmes auront-elles exploité tous les réservoirs de « main-d'œuvre docile », comme il écrit, le rédacteur du *Monde* ? Après quels cataclysmes, écologiques, sociaux ?

PARIS, MERCREDI 23 MARS 2011
GUÉRILLA DES IDÉES

« La goutte d'eau, c'était en 2002, durant la crise du coton. Je vivais avec les paysans au village, on essayait de se démerder, et j'ai assisté à cette émission, à la télévision, avec les organisateurs du gouvernement, toujours très contents. Pour eux, c'était simple : "Il suffit que les paysans travaillent plus et travaillent mieux." En entendant ça, j'ai décidé de lancer le site abcburkina, de le tenir au moins jusqu'au sommet de Cancún, en janvier 2004. »

Maurice Oudet est revenu en France, pour trois mois, et j'en ai profité pour le croiser, ce matin, dans le XIVe arrondissement, à la Mission des Pères blancs. J'ai du respect pour ces missionnaires, même ceux du XIXe, dont l'engagement s'étend sur une vie – bien plus que pour ces étudiants en commerce, ingénieurs à la retraite, altermondialistes à la coule qui font de l'humanitaire un tourisme, posant une pompe à eau dans la brousse et posant pour la photo, un petit tour et on revient avec le bronzage, les djembés, les tentures sur le mur, de l'exotisme pour les copains. Je m'emporte. Ce prêtre vit, lui, au Burkina depuis 1972. Et il effectue, là-bas, un travail de diffusion des idées.

« En 1997, comme j'appuyais sur la formation, sur l'alphabétisation, mais qu'on n'avait presque aucun ouvrage dans la langue du pays, je me suis lancé dans l'édition. Avec des livres pratiques, destinés au monde rural : comment garder bonne la terre, sur la filière riz, sur les engrais organiques. On a fait une radio, aussi, des films, mais maintenant, le principal outil, c'est la lettre hebdomadaire que nous adressons par Internet. »

Dans un premier temps, lui diffusait donc des informations « techniques » – avec des guillemets, car quelle « technique » est vide d'économie, de social, de politique ? Puis il a glissé, justement, plus directement vers l'économique, le social, le politique – via son combat contre le libre-échange. « Jusqu'en 1996, il existait une société nationale pour le riz. Dans cadre d'un PASA, un “plan d'ajustement structurel agricole”, le FMI, la Banque mondiale ont cassé tout ça. Ils l'ont confié à une société privée. Surtout, on a démantelé le peu de politique nationale qu'on avait. On a ouvert nos marchés à tous les vents. Sur le lait, tous les gens savent bien que le problème, c'est le lait en poudre. Pour le riz, il faut s'aligner sur les cours mondiaux. En 2004, les producteurs de riz n'ont rien vendu de leur dernière récolte : le cours était à 85 francs, alors que leur prix de revient était de 125 francs. C'était la ruine, beaucoup ont rejoint les villes. Mais le problème, c'est que les paysans, le gouvernement n'a pas peur d'eux. Il a peur des étudiants, en revanche, des fonctionnaires, des militaires : mieux vaut donc les nourrir, eux, à moindre coût, avec du riz thaï. Même si ça ravage les campagnes. C'est un calcul à court terme.

« Quand j'ai vu les méfaits de ces importations, je me suis rendu en Thaïlande. J'ai rencontré le grand patron des exportations : des stocks déjà destinés à l'alimentation animale, sans vitamines, finalement on les envoyait chez nous. Si on faisait le choix, au Burkina, ou à la CEDEAO [Communauté économique des États de l'Afrique de l'Ouest], si on mettait le paquet sur la souveraineté alimentaire, en cinq ans on change l'aspect des campagnes. On a tout : les terres, le soleil, l'eau, les hommes… Mais il faudrait, évidemment, des barrières douanières. Sauf que l'UEMOA [Union économique et monétaire ouest-africaine] imite l'Union européenne. Le Bénin, qui vit du transit, voulait 0 % sur tout. Le Nigeria, qui a un début d'industrie, quelque chose à défendre, réclamait une borne tarifaire à 50 %. On a coupé la poire en deux, 35 % maximum, et bien moins en réalité. Eux sont très fiers que leur TEC [tarif extérieur commun] fonctionne, et, techniquement, je ne le conteste pas, ça fonctionne, mais sans aucune analyse des effets.

« Sur les APE, les accords de partenariat économique avec l'Europe, là, on va l'emporter. On leur a dit, répété : "Vous êtes à côté de la plaque. Y a pas de signature sans souveraineté alimentaire." De plus en plus, je pense qu'on ne va pas signer. Mais on a eu chaud, c'était une vraie bataille… »

C'est une « vraie bataille », en effet, idéologique, qui se déroule à Ouagadougou, et sans doute avec plus d'acuité que chez nous. Avec, dans chaque camp, des forces inégales.

Sur le bord libéral, l'Europe – qui, dans son ambassade, a un « spécialiste de la sécurité alimentaire », un lobbyiste savant. « Pendant les accords de Cotonou, raconte Maurice Oudet, les Africains négociaient à partir des documents fournis par les Européens ! » La Banque mondiale est sur place, également, et veille à ce que les indigènes ne dérogent pas à la doxa globale. Et tous ces gens ont porte ouverte chez le président, plus ou moins installé par leurs soins.

En face, une contre-expertise militante : « Il faut lire Jacques Berthelot, son livre sur *L'Agriculture, talon d'Achille de la mondialisation*, me conseille Maurice Oudet. Je le lis dans *Le Monde diplomatique*. J'échange avec lui régulièrement. » Et ces arguments, il les répand par sa lettre, mais également par des rencontres, des débats, auprès des syndicalistes agricoles : « Pour les leaders, maintenant, c'est très clair : ils réclament des barrières douanières. Le mouvement international Via Campesina a aussi accéléré la prise de conscience : on a bien vu que nous avions les mêmes difficultés qu'en Amérique du Sud, et le même besoin de protections. »

Dans ce duel, la première victoire, c'est – comme pour nous – de réussir à poser la question. « Lors d'un débat organisé par la Banque mondiale, un paysan s'est mis à parler des taxes aux frontières... Aussitôt, le représentant de l'institution internationale l'a interrompu : "On est des gens sérieux, ici. On n'est pas là pour parler de ça." Le modérateur a dû intervenir pour rappeler que c'est la Banque mondiale qui l'avait invité, ce paysan, et qu'on devait donc l'écouter. » Même les ONG se montrent parfois craintives : « Oxfam m'avait contacté pour participer à une rencontre. J'avais regardé le programme : "Mais, dedans, y a même pas l'expression 'souveraineté alimentaire'. Je ne pourrai pas me contenter de ça, moi. Je vais en causer. – Ah non, m'a répondu l'organisateur. Si tu viens, c'est pas pour me casser ma baraque. Moi, je suis là au nom d'Oxfam International. Je ne peux pas aller aussi loin." Eh bien oui, ils ont des contraintes aussi : ils sont financés par les Anglais et les Américains. »

Cet entretien me l'a confirmé.

Notre action la plus utile, à mon sens, pour les pays du Sud, c'est de se bagarrer à leurs côtés pour qu'ils puissent mener, librement, la politique commerciale de leur choix : d'autosuffisance alimentaire s'ils le veulent, d'exportation s'ils préfèrent, de protection des industries naissantes s'ils le souhaitent, qu'ils arbitrent entre libre-échange et protectionnisme au mieux de leurs intérêts, sans diaboliser un outil ni l'autre, qu'ils ôtent les menottes que leur a passées l'Organisation mondiale du commerce, bref, qu'ils se fraient des chemins inconnus à travers l'histoire – sans que nos barbouzes fomentent un putsch quand leurs choix nous déplaisent.

Et que nous retrouvions, nous-mêmes, cette liberté.

INTELLO N° 6
HA-JOON CHANG : « LES MAUVAIS SAMARITAINS RETIRENT L'ÉCHELLE »

« La Corée des années 50, l'un des endroits les plus pauvres au monde, c'est dans ce pays que j'ai grandi. Maintenant, je suis citoyen d'un des pays les plus riches au monde. Durant mon existence, le revenu par tête en Corée a été multiplié par quatorze. Ç'a pris plus de deux siècles au Royaume-Uni (entre le XVIIIe et aujourd'hui) et environ un et demi aux États-Unis (de 1860 à nos jours) pour parvenir au même résultat. En tant qu'économiste du développement, je me sens "privilégié" d'avoir vécu un tel changement. Je me sens comme un historien de l'Angleterre médiévale qui aurait été témoin, pour de bon, de la bataille de Hastings, ou comme un astronome qui aurait remonté le temps jusqu'au Big Bang. »

C'est presque à une « autobiographie économique » que se livre Ha-Joon Chang, enseignant à l'université de Cambridge, proche de Joseph Stiglitz, dans le prologue de *Bad Samaritans* (« Les mauvais Samaritains »).

LE MIRACLE CORÉEN : DES CHOIX HÉRÉTIQUES

« En 1961, huit ans après la fin de la guerre fratricide avec la Corée du Nord, le revenu par personne en Corée du Sud s'élevait à 82 dollars. La plupart des Coréens gagnaient moins de la moitié des citoyens ghanéens (179 dollars). Un pays qui, quasiment, n'exportait que du textile, du poisson et des perruques fabriquées avec des cheveux humains est devenu une puissance dans les hautes technologies, exporte des téléphones portables stylés et ses écrans plats sont achetés partout dans le monde. Grâce à une meilleure nutrition et à des soins médicaux, l'espérance de vie a crû de vingt-quatre années : 77 ans contre 53 dans les années 60. 78 bébés mouraient dans leurs douze premiers mois, contre seulement 5 aujourd'hui, brisant les cœurs de beaucoup moins de parents. En termes d'indicateurs de bien-être, c'est comme si Haïti se transformait en la Suisse.

« Comment ce miracle a-t-il été rendu possible ?

« Pour la plupart des économistes, la réponse est très simple. La Corée a réussi parce qu'elle a suivi la loi du marché. Elle a embrassé les principes d'une monnaie forte (avec peu d'inflation), d'un État faible, de l'initiative privée, du libre-échange et de l'accueil des capitaux étrangers. La réalité, pourtant, est bien différente. »

Pour contester cette thèse, il lui suffit de recourir à ses souvenirs d'enfance :

« L'obsession de notre pays pour la croissance économique était pleinement reflétée dans notre éducation. On nous apprenait qu'il était de notre devoir patriotique de dénoncer quiconque fumait des cigarettes étrangères. Toutes les devises que lui rapportaient ses exportations, le pays avait besoin de les utiliser pour acheter des machines et d'autres biens qui permettraient de développer notre industrie. Les devises étrangères étaient le sang et la sueur de nos "soldats de l'économie", combattant dans toutes les usines du pays pour la guerre des exportations. Ceux qui les dépensaient pour des choses frivoles, comme des cigarettes étrangères, étaient des traîtres. »

Y avait pas que de la joie, dans la Corée de sa jeunesse : la dictature régnait, des filles de 12 ans s'épuisaient au boulot, les étudiants étaient réprimés. C'est à cette époque, néanmoins, que le pays a connu son essor :

« Ce que la Corée a fait durant ces décennies a été de faire grandir certaines industries naissantes grâce à des taxes douanières, des subventions et d'autres formes de soutien – jusqu'à ce qu'elles soient assez fortes pour soutenir la compétition internationale. Le gouvernement possédait toutes les banques, aussi pouvait-il diriger le sang vital aux affaires : le crédit. Quelques grands projets ont été mis en œuvre directement par des entreprises d'État, bien que le pays ait une attitude plus pragmatique qu'idéologique à l'égard de la propriété étatique des moyens de production. Si les entreprises privées fonctionnaient correctement, parfait. Mais si elles n'investissaient pas dans des secteurs importants, le gouvernement n'avait aucun scrupule à créer des entreprises d'État. Et si des entreprises étaient mal dirigées, le gouvernement les prenait en main, les restructurait, et en général (mais pas toujours) les revendait ensuite.

« Le gouvernement coréen avait également un contrôle absolu sur le rare commerce extérieur (des violations pouvaient être punies de la peine de mort). Il contrôlait aussi lourdement les investissements étrangers, en accueillant certains les bras ouverts dans quelques secteurs et fermant complètement ses portes à d'autres, selon les impératifs du plan de développement national.

« Le miracle coréen a été le fruit d'un mélange intelligent, pragmatique, entre l'aiguillon du marché et le dirigisme économique. Le gouvernement coréen n'a pas abattu le marché comme l'ont fait les États communistes. Mais il n'avait pas non plus une foi aveugle dans le marché. Tout en prenant le marché au sérieux, la stratégie coréenne lui appliquait des correctifs grâce à l'action publique. »

La Corée a donc pratiqué – et avec quelle vigueur ! – le « protectionnisme ». Réécrivant l'histoire, les libéraux en font pourtant un modèle de libre-échange…

« Maintenant, s'il n'y avait que la Corée qui se fût enrichie grâce à de tels choix "hérétiques", les gourous du tout-marché pourraient rejeter ce cas comme "l'exception qui confirme la règle". Mais la Corée n'est pas une exception. Pratiquement tous les pays développés, dont la Grande-Bretagne et les États-Unis, les patries supposées du marché roi et du libre-échange, se sont enrichis grâce à des politiques qui vont à l'encontre des principes néolibéraux. »

L'auteur propose alors une vigoureuse démystification. C'est tout un pan, absent, oublié, des manuels d'économie qu'il vient remplir.

GRANDE-BRETAGNE : DERRIÈRE DE HAUTES BARRIÈRES

« À l'époque des Tudors, la Grande-Bretagne était une économie plutôt arriérée. L'industrie de transformation de la laine se concentrait aux Pays-Bas, notamment dans les villes de Bruges, Gand, Ypres. La Grande-Bretagne exportait sa laine brute et en tirait un profit raisonnable. Mais ces étrangers qui savaient convertir la laine en habits généraient de bien plus gros profits.

« À la fin du XVe siècle, Henri VII envoya des missions sur ses terres pour identifier des lieux qui conviendraient à des manufactures lainières. Il augmenta aussi les taxes sur les exportations de laine brute, et il interdit même temporairement ces exportations pour encourager la transformation à domicile. Son fils poursuivit cette politique et interdit, à son tour, l'exportation d'habits non finis. »

Cette législation va encore se renforcer :

« La Grande-Bretagne est restée hautement protectionniste jusqu'au milieu du XIXe siècle. En 1820, les taxes douanières sur les produits manufacturés s'élevaient entre 45 et 55 % – contre 6 à 8 % aux Pays-Bas, 8 à 12 % en Allemagne et aux alentours de 20 % en France.

« Installés parmi les plus puissants au monde, les industriels britanniques comprennent alors que le libre-échange est dans leur intérêt, et ils commencent à faire campagne pour un changement d'orientation. Eux s'agitent en particulier pour faire abolir les Corn Laws, les lois sur le blé, qui limitent l'importation de grains. Avoir de la nourriture moins chère leur permettrait de faire baisser les salaires et d'augmenter les profits. Mais, pour beaucoup d'historiens, il s'agit également d'un "impérialisme commercial" : ces fabricants cherchent à "arrêter le mouvement d'industrialisation du continent en élargissant le marché pour ses produits agricoles" » – que la France, la Belgique, l'Allemagne, etc., demeurent des civilisations agraires.

C'est une lutte qui se déclare alors, en Angleterre, entre les propriétaires terriens et les industriels. Ces derniers finissent par l'emporter :

« Le grand tournant dans la politique commerciale est intervenu en 1846, quand ces Corn Laws ont été abrogées – et les barrières douanières sur les biens manufacturés abolies en 1860. En d'autres termes, la Grande-Bretagne n'a adopté le libre-échange qu'après avoir acquis une avance technologique sur ses concurrents "derrière de hautes et très durables barrières douanières". »

Puis elle a exporté ce libre-échange sur le continent.

D'où la remarque, ironique, de l'économiste allemand Friedrich List :

« C'est une règle de prudence banale, lorsqu'on est parvenu au faîte de la grandeur, de rejeter l'échelle avec laquelle on l'a atteint afin d'ôter aux autres le moyen d'y monter après nous. Là est le secret de la doctrine cosmopolite d'Adam Smith et des tendances cosmopolites de son illustre contemporain, William Pitt, ainsi que de tous ses successeurs dans le gouvernement de la Grande-Bretagne. Une nation qui, par des droits protecteurs et par des restrictions maritimes, a perfectionné son industrie manufacturière et sa marine marchande au point de ne craindre la concurrence d'aucune autre, n'a pas de plus sage artifice que de repousser loin d'elle ces moyens de son élévation, de prêcher aux autres peuples les avantages de la liberté du commerce et d'exprimer tout haut son repentir d'avoir marché jusqu'ici dans les voies de l'erreur et de n'être arrivée que tardivement à la connaissance de la vérité. »

ÉTATS-UNIS : MÈRE PATRIE DU PROTECTIONNISME

« Homme : un animal qui fait des discours sur les tarifs douaniers ». Voilà la définition que proposait, au XIXe siècle, un député de Pennsylvanie. Tant ce thème était récurrent aux États-Unis, et même la cause de conflits violents. L'histoire américaine, d'après Ha-Joon Chang – et après Paul Bairoch – peut se lire à travers sa politique douanière :

« Sous la tutelle britannique, l'Amérique était pleinement traitée comme une colonie. Il lui était naturellement défendu d'utiliser des barrières douanières pour protéger ses industries naissantes. Il lui était également interdit d'exporter des marchandises qui pourraient concurrencer la production britannique. En plus, des restrictions catégoriques étaient imposées sur les biens que les Américains pouvaient produire. L'esprit de cette politique a été bien résumé par William Pitt l'aîné en 1770. Apprenant que des usines voyaient le jour en Amérique, il s'est exclamé : "Les colonies ne devraient pas pouvoir fabriquer ne serait-ce qu'un clou pour un fer à cheval."

« Mais tous les Anglais n'avaient pas le cœur aussi dur. En recommandant le libre-échange aux Américains, certains étaient convaincus de les aider. Dans *La Richesse des nations*, Adam Smith conseille solennellement aux Américains de ne pas développer leur industrie. Il argumente que toute tentative pour "arrêter l'importation des produits manufacturés en provenance d'Europe empêcherait, plutôt que ça n'aiderait, les progrès de leur pays vers la richesse et la grandeur". »

En gros, avec leurs immenses plaines et toutes leurs mines, ça serait du gâchis, du temps perdu, si les États-Unis se lançaient dans l'industrie. Ils n'avaient aucun avenir là-dedans. Mieux valait qu'ils se concentrent sur l'agriculture…

« Beaucoup d'Américains étaient d'accord, dont Thomas Jefferson. Mais d'autres désapprouvaient avec force. Ils affirmaient que leur pays avait besoin de développer son industrie et, pour ça, d'utiliser des protections ainsi que des subventions, tout comme la Grande-Bretagne l'avait fait avant eux. Le fer de lance de ce mouvement était Alexandre Hamilton, aide de camp de George Washington durant la guerre d'Indépendance, devenu le premier ministre des Finances à l'âge de 33 ans, en 1789.

« En 1791, Hamilton présenta au Congrès un *Rapport au sujet des manufactures*. Son idée forte était qu'un pays comme les États-Unis devait protéger ses "industries naissantes" de la concurrence étrangère et les élever jusqu'à ce qu'elles puissent tenir sur leurs pieds. La pratique des "industries naissantes" avait existé avant, comme nous l'avons vu, mais c'est Hamilton qui la théorisa. Cette théorie fut ensuite reprise par Friedrich List, dont on fait aujourd'hui – par erreur – le père de ce concept. En réalité, List débuta comme libre-échangiste, il fut l'un des promoteurs du premier accord de libre-échange au monde, le Zollverein allemand. Ce sont les Américains qui lui apprirent les "industries naissantes" durant son exil aux États-Unis dans les années 1820.

« Dans son *Rapport*, Hamilton proposait des taxes douanières protectrices, des subventions, des interdictions sur les exportations de matières premières clés. Si jamais il revenait aujourd'hui, s'il était le ministre des Finances d'un pays en développement, le FMI et la Banque mondiale lui refuseraient certainement tout prêt, et ces institutions feraient pression pour qu'il soit écarté du gouvernement. »

Mais, comme en Angleterre, apparaît une lutte interne à la bourgeoisie :

« Les décisions du Congrès après le *Rapport* ne sont pas à la hauteur de ces recommandations, notamment parce que la politique américaine était à l'époque dominée par les propriétaires de plantations du Sud, qui n'avaient aucun intérêt à voir se développer une industrie. On peut le comprendre : avec les revenus qu'ils tiraient des exportations agricoles, ils préféraient importer d'Europe des produits de haute qualité, à moindre coût. Après le *Rapport*, les taxes douanières passèrent de 5 à 12,5 %, mais c'était bien trop peu pour soutenir les industries naissantes.

« Quand la seconde guerre d'Indépendance a éclaté en 1812, le Congrès a aussitôt doublé les taxes douanières, de 12,5 à 25 %. Comme les importations en provenance de Grande-Bretagne étaient interrompues, ce conflit a également permis à de nouvelles industries d'émerger. Et, après la guerre, ce groupe d'industriels a réclamé, naturellement, que cette protection se poursuive – et même qu'elle soit augmentée. En 1816, les taxes furent relevées à une moyenne de 35 %. Et 40 % en 1820, réalisant finalement le programme de Hamilton.

« Durant les décennies suivantes, ces barrières douanières demeurèrent une source de tension permanente dans la politique américaine. Les États agraires du Sud essayaient constamment de les baisser, tandis que les États industriels du Nord souhaitaient les maintenir élevées – voire les augmenter. L'abcès a finalement crevé lors de la guerre civile. Nombre d'Américains surnomment Abraham Lincoln le Grand Émancipateur – des esclaves américains. Mais il pourrait aussi être baptisé le Grand Protecteur – de l'industrie américaine. Lincoln était un véritable partisan des "industries naissantes". Une fois élu, il fit grimper les tarifs douaniers à leur plus haut niveau dans l'histoire américaine. Le désaccord sur la politique commerciale était alors, en fait, au moins aussi important, et sans doute plus, que l'esclavage dans le déclenchement de la guerre civile.

« Après les combats, les taxes aux frontières restèrent entre 40 et 50 % jusqu'à la Première Guerre mondiale. Ce n'est qu'après la Seconde Guerre mondiale que les États-Unis – avec leur suprématie industrielle alors indétrônable – libéralisèrent leur commerce et devinrent les champions du libre-échange… »

FMI : LES MAUVAIS SAMARITAINS

« Mais alors, s'interroge Ha-Joon Chang, pourquoi les pays riches ne recommandent-ils pas aux pays en voie de développement ces stratégies qui leur ont si bien réussi ? Pourquoi, à la place, inventent-ils une fiction à propos de l'histoire du capitalisme ?

« En 1841, un économiste allemand, Friedrich List, accusa les Britanniques de "retirer l'échelle" sur laquelle ils avaient grimpé pour parvenir au sommet. Aujourd'hui, il existe certainement quelques personnes dans les pays riches qui prêchent le tout-marché et le libre-échange aux pays pauvres dans le but de conquérir de plus larges parts du commerce mondial et d'empêcher l'émergence de possibles compétiteurs. Ils disent : "Faites comme on dit, pas comme on a fait", et ils agissent en "mauvais Samaritains". Mais ce qui est plus inquiétant, c'est que la plupart de ces mauvais Samaritains d'aujourd'hui ne se rendent même pas compte qu'ils nuisent aux pays en voie de développement. L'histoire du capitalisme a été si entièrement réécrite que la plupart des gens dans les pays riches ne perçoivent pas qu'il y a "deux poids, deux mesures" lorsqu'ils recommandent le tout-marché et le libre-échange aux pays en développement.

« Ce qui est encore pire que de "retirer l'échelle", c'est l'amnésie. L'histoire est réécrite pour renvoyer à ces pays riches une belle image d'eux-mêmes. Eux nourrissent la conviction sincère que leurs ancêtres ont utilisé le libre-échange pour devenir des pays riches. Quand les pays pauvres protestent, déclarent que ces politiques leur nuisent, ces protestations sont rejetées comme étant hors sujet ou visant à défendre les intérêts de leurs leaders corrompus.

« Leur intention peut être louable. Mais leurs recommandations ont des effets aussi funestes que les conseils de ceux qui, volontairement, retirent l'échelle. »

(Comme j'ai taillé dans le texte original, vous pouvez mettre des [...] partout.

Au passage, c'est moi qui traduis. Les deux livres de Ha-Joon Chang, *Bad Samaritans* et *Kicking Away the*

Ladder, ont reçu des prix, sont rangés outre-Atlantique « parmi les plus importants ouvrages économiques » – mais n'ont trouvé aucun éditeur en France. Il est vrai que l'enjeu – sortir des pays pauvres de leur pauvreté – est accessoire... Voilà qui participe également de la censure. Ou, pour parler comme l'auteur, de l'amnésie.)

8

DOUANIERS
UNE ARME À PORTÉE DE MAIN

MONTREUIL, MARDI 16 MARS 2010
À LA DÉCOUVERTE D'UN MÉTIER

Quand la « tentation protectionniste » m'a titillé, je me suis senti un peu seul. Je voulais en discuter avec des gens qui auraient réfléchi au problème avant moi, accumulé des documents, élaboré une position. Y avait bien une poignée d'intellectuels, dont j'ai fait la tournée : Emmanuel Todd, Maurice Allais, Jacques Sapir, Jean-Luc Gréau… Mais, au-delà de ces individus, isolés eux aussi, je tenais à en causer avec des forces (de gauche) organisées.

J'ai frappé à la boîte courriel de la CGT Textile Chimie Métallurgie, sans succès. Mais Bertrand Vuaroqueaux, le secrétaire des douaniers CGT, m'a renvoyé un courriel : « Je vais sans doute vous décevoir car je ne connais pas, dans un passé récent, de prise de position de mon syndicat sur le montant des droits de douane en tant que tels. » Mais, curieux, il m'invitait à me rendre à la rencontre de ses délégués, à Montreuil, à l'occasion du prochain bureau national.

C'était hier, donc.

On imagine le décor : des tables en formica, des gobelets en plastique qui traînent dessus, la nuit qui tombe dehors, la fin d'une pause clope, des visages fatigués, Manuela Cédric Sébastien Jacky, et moi qui viens « poser la question du protectionnisme – et pourquoi j'aimerais que cette question se pose à la gauche en général, et à la CGT en particulier, et à la CGT Douaniers encore plus précisément ».

Ces camarades ont senti, je crois, ma frustration. Je veux dire, c'est leur boulot, les taxes aux frontières, et ici comme ailleurs, pourtant, les esprits me semblent en jachère. Pas de discours construit, juste des bribes de bien-pensance, les clichés usuels : « Le protectionnisme, c'est des murs. Ça fait peur », « Des barrières, c'est pas une bonne réponse. En revanche, pourquoi pas un protectionnisme citoyen ? », « On sera infoutus de fabriquer les produits de base », etc.

Avec une différence, cependant : dans cette salle, on pouvait poser la question. La discussion demeurait cordiale, sans les épithètes de rigueur – « lepéniste », « nationaliste », « chauvin » – que, bien souvent, j'essuie de la part d'une gauche généreuse – et amoureuse d'abstractions.

« Mais sur le plan technique, alors, est-ce que c'est faisable ?

– Ah, techniquement, y a pas de souci. Pour nous, relever les tarifs douaniers, on sait faire. Y a une ligne sur l'ordinateur : où y a marqué 3 %, on met 10 %. Et voilà. »

Entre leurs mains, ils disposent d'une arme lourde. Très aisément manipulable, juste quelques clics devant un écran, un ordre de Bercy. C'est l'instrument qui, sans doute, effraie le plus le patronat. Et pourtant, semble-t-il, ces militants n'ont guère réfléchi à l'usage des taxes douanières, à dévoiler devant l'opinion leurs avantages (et leurs inconvénients), à en rappeler l'existence aux politiques jusqu'à Bruxelles.

« Pourquoi ce silence ? » je m'interrogeais – et ils s'interrogeaient avec moi : « On a le nez dans le guidon, on encaisse réforme sur réforme, avec des suppressions de postes, les copains à défendre… On n'a pas le temps de se poser, de réfléchir ensemble. »

Sans doute, ça joue. Mais je sentais autre chose, de plus profond. Une honte. Dans les années 80, le capital est devenu « multinational », l'Europe du marché unique a été bâtie, même la gauche s'est convertie au libre-échange : c'est devenu quoi, alors, le douanier ? Un anachronisme. Un dinosaure. Un truc ringard – avec moustache, képi, 4L, tel que caricaturé dans *Rien à déclarer*, le film de Dany Boon. Si, en plus, il demeurait attaché à cette idée, préhistorique, de « taxes aux frontières », s'il revendiquait, tout seul, des « protections tarifaires », il passerait doublement pour un *has been*. Deux fois archaïque, par son métier et par sa mentalité. Le basculement idéologique a ainsi bouleversé la profession. Pas seulement concrètement, mais psychologiquement, intimement, dans sa mémoire, dans sa fierté, dans ses raisons d'être.

« Quand je parle à des jeunes, me confie Alain, j'ai pas envie de faire le vieux con – la "douane à la papa". C'est ce que leur disent les chefs. »

Faute d'un séminaire de Master 2 en « Orientations macroéconomiques », je fais mon élève de quatrième – « à la découverte d'un métier ». Et là, je tombe des nues :

« Comment vous faites pour surveiller l'entrée des marchandises ?

– Mais on ne le fait pas ! Prends Le Havre : deux millions et demi de containers débarquent au port. On en ouvre combien, sur une année ? Cinq cents, à tout casser. (Je calcule, de tête : ça fait 0,02 %.) Et même au scanner, on en passe combien ? À peine dix mille. » Environ 0,4 % du total, donc.

Je n'y crois pas ! À l'aéroport, on vide nos poches sur des tapis roulants, le contenu de nos valises est épluché, des gars en tenue dévisagent nos passeports, des chiens reniflent notre anus à l'occasion, et là on me décrit quoi, pour des chargements entiers ? Pour des millions de tonnes ? Une vraie passoire !

« Bah alors, vous faites quoi de vos journées ? » j'interroge bêtement.

Quinze bouches m'assaillent, là, en même temps, la parole qui se libère, et je prends des notes désordonnées :

« On est la police de la marchandise, mais c'est vrai : on le fait de moins en moins. On abandonne notre cœur de métier. Les agents sont en colère par rapport à ça.

– Si on fait le travail pour lequel on est payés, on empêche le commerce. Alors que l'objectif, maintenant, c'est de le fluidifier.

– On ne nous parle que de ça, “simplification”, “accélération”, “dématérialisation”…

– On n'est plus des douaniers, on devient des “auxiliaires d'importation”. On invite le MEDEF à nos conventions, le MEDEF émet des propositions pour “faciliter les démarches”, on retrouve les patrons en photo dans nos journaux.

– Même les outils, là, pour faire reculer le libéralisme se retrouvent à son service ! »

Ces quinze bouches, au fond, décrivent toutes la même schizophrénie : en principe, que fait le douanier ? Le temps d'un contrôle, il ralentit les flux. En cas de délit constaté, même, il les entrave. Mais comme le patronat et l'État ont adopté le libre-échangisme, ordre est donné à ces agents… de ne plus faire leur boulot, ou le moins bien possible !

« Avant, on n'avait pas de temps limite pour vérifier un formulaire. Maintenant, au Havre, c'est sept minutes trente, et on doit passer à sept minutes, et bientôt ce sera six minutes trente. Parce qu'on nous met en concurrence avec Anvers, et là-bas ils laissent tout passer sans regarder.

– "En concurrence", c'est-à-dire ?

– Les ports sont mis en concurrence pour attirer les dédouanements, avec le Portugal, avec l'Italie, avec Rotterdam. Sur Fos, Ikea a négocié une procédure "zéro contrôle". Toutes les grandes sociétés ont droit à un "circuit vert", maintenant. »

Puisque « contrôler les capitaux et les marchandises », l'idéologie officielle ne supporte plus ça, on va orienter la douane vers une autre fonction : « On contrôle de plus en plus les personnes. » Contre la « douane à la papa », voici la douane moderne – qui repère les sans-papiers…

CALAIS, MARDI 29 JUIN 2010
LE SHÉRIF DU PÉAGE

« Les papiers du véhicule, s'il vous plaît. Est-ce que vous consommez de la drogue ?

– Non. »

On vient de reconduire, avec Pierre, ma grand-mère à Zutkerque, près de Calais – et des douaniers arrêtent notre 106 juste après un péage, à la nuit tombée. Leur « chef » fouille dans le coffre, sous les sièges, dans la boîte à gants…

Comme ça traîne, Pierre se roule une clope.

« Vous avez interdiction de fumer », ordonne le « chef ». On regarde autour, y a aucun stock d'essence prêt à exploser.

« C'est vous, ça, Monsieur Ruffin ? »

Le « chef », qui se prend pour un cow-boy, avec gants en cuir et tout le toutim, vient de tomber sur mon assignation en correctionnelle par le groupe Casino.

« Oui, c'est moi. »

Comme il poursuit sa lecture, avec des moues désapprobatrices, je l'interpelle : « Ça ne vous gêne pas, de lire un courrier privé ?

– On a tous les droits. Vous n'avez qu'à regarder le Code des douanes. »

À la lueur de sa lampe torche, il continue de déchiffrer : « Eh beh », lâche-t-il, comme s'il était promu juge à la 17e chambre.

« Pourquoi ? Vous y connaissez quelque chose en droit de la presse ? »

Lui fait durer le plaisir. Soulève les tapis. En vain : aucune boulette de shit à l'horizon. Le shérif nous laisse repartir. Je serre les poings sur le volant.

Évidemment, cette douane-là – et c'est celle qu'on encourage, et c'est celle qui se développe –, je la déteste. Pas seulement *pour la forme*, pour cette arrogance – mais surtout *pour le fond*, pour ses missions.

Deux jours plus tard, d'ailleurs, en route vers Cormelles-le-Royal pour une visite à nos amis de Moulinex, on se fera à nouveau arrêter, Pierre et moi. Et à nouveau par les douanes. Le contrôle sera plus sommaire, plus courtois – mais il débutera par la même question : « Est-ce que vous consommez de la drogue ? »

Comment tolérer pareil détournement ? Des containers par millions, chargés de viande, de pièces auto, de jouets pour enfants, débarquent dans nos ports – et à 99,6 % ils ne font même pas l'objet d'un scan. À la place, les douaniers passent leur temps à quoi ? À chercher un sachet de beuh dans nos bagnoles ?

Qu'on poursuive les trafiquants de drogue, très bien, mais y a des flics pour ça. Y a une brigade spécialisée, même, les stups (vachement efficaces quand on les voit à la télé). Qu'ils fassent leur boulot. Mais là, l'État déporte les effectifs d'une « police des marchandises et des capitaux » vers, encore, la surveillance des personnes. Le pauvre mec qui s'est roulé un joint. Le pauvre mec qui n'a pas de passeport en règle.

Si c'est pour faire ça, autant qu'ils disparaissent, les douaniers. Autant qu'ils intègrent, pleinement, sans ambiguïté, le ministère de l'Intérieur.

BRETAGNE, LORRAINE, PROVENCE,
MERCREDI 16 FÉVRIER 2011
LES PAPYS DOUANIERS

« Gamin, j'habitais à Givet, dans les Ardennes, raconte Alain Brombin (joint par téléphone). Le dimanche, parfois, on allait en Belgique, on achetait des vêtements et on les mettait sous nos habits, pour les cacher. Je me souviens de mon père qui me disait : "Surtout, si le douanier te pose une question, tu ne réponds pas." C'est qu'on avait peur d'eux, plus que des gendarmes. Y avait des queues, des centaines de mètres, à la frontière, et ils contrôlaient tout, les allumettes, les cigarettes. À l'aller, pour l'essence, il fallait faire une déclaration – pour qu'ils puissent sonder le réservoir au retour, vérifier qu'on n'avait pas fait le plein là-bas. »

Alain n'était pas franchement prédestiné à faire carrière dans les douanes : « D'ailleurs, quand j'ai passé le concours, je n'ai pas osé le dire à mes parents… Mais, une fois dedans, j'ai découvert l'utilité sociale du métier : le contrôle des marchandises et des capitaux. J'étais recruté pour ça, en 1982. C'était au moment où la gauche craignait les sorties d'argent, où elle avait réinstauré le contrôle des changes. En 1993, avec le marché unique, on a pensé : "C'est la fin de la douane. On est morts." Vingt ans après, on est encore là. »

J'entends comme un ouf de soulagement, chez lui, attaché qu'il est à sa corporation.

« Oui, vous existez encore, je le relance, mais sur quelles missions ?

– C'est vrai. Pour se sauver, on nous a mis sur le sécuritaire. Au tunnel sous la Manche, y a plus de deux cents agents, ce sont des douaniers. À la gare du Nord, pareil. Et les stupéfiants ! Avant, nous, on s'en tamponnait le coquillard. Maintenant, c'est la lutte contre le trafic de drogue qui justifie notre utilité. Des gars sortent pour "faire une boulette de shit". Y a des escouades qui ne tiennent qu'avec ça : le contrôle des personnes.

« Ça devient une mentalité de flics, les jeunes sont élevés comme ça. On leur remet un flingue avec quinze cartouches, une matraque téléscopique, une paire de menottes chacun… À l'école, ils font le "parcours de sécurité", on leur enseigne les "techniques d'immobilisation", le tir devient éliminatoire. Nous, on s'en carrait, de tout ça. »

C'est dans le même esprit que le Lorrain Eugène Gérard, entré en 1968, évoque son métier : « Je me suis éclaté. Surtout quand j'ai fait du contentieux de classe...

– Du quoi ?

– Du contentieux de classe. Je redressais des gens qui avaient du fric. Je faisais du contrôle d'entreprises, sur les produits pétroliers, Total et compagnie. Plus d'un milliard, j'ai récupéré.

– Un milliard d'anciens francs ?

– Non, un milliard d'euros.

– Un milliard d'euros ??!

– Eh oui ! J'ai démonté tout un mécanisme de fraude. Ensuite, on a découvert que c'était vrai dans tous les établissements du groupe. Mais moi, sur certaines enquêtes, on me laissait quatre ou cinq ans, mes patrons comprenaient. Maintenant, ils n'ont plus les moyens : à mes débuts dans ce service, en 1978, on était vingt-cinq. Depuis mon départ à la retraite, il en reste huit.

« Maintenant, la tâche qu'ils nous ont trouvée, c'est la contrefaçon. Là, sur les montres, les costumes, les bijoux, on est vraiment au service du capital. On est les valets des multinationales du luxe, même lorsqu'elles font produire à l'étranger, et on doit défendre leurs marques, leurs plus-values, leurs intérêts ! »

Guy Diaz, lui, bien qu'à la retraite, habite toujours sa caserne, à Marseille :

« Quand je suis arrivé, en 1965, on m'a affecté à la frontière suisse, il se remémore. Y avait une conscience, chez les douaniers, de notre rôle de régulateur économique. L'ouvrier français coûtait plus cher, par exemple, que l'ouvrier italien, notamment à cause de la protection sociale, et donc, si on laissait jouer la pure concurrence, on se ruinait. À l'école des douanes, je me souviens d'une leçon, on nous disait : "Attention, en période pré-électorale surveillez les mouvements de changes, les exportations de capitaux." Parce que la douane, c'est un outil très efficace contre l'argent sale, mais on nous rogne les ongles.

« Jamais je n'ai conduit des gens avec des menottes. La clientèle a changé, forcément, on nous oriente vers les stups, on attrape des pauvres bougres… Plus ça va, plus on prend une mentalité policière. J'entends les jeunes qui se disent : "Bon, après tout, si y a plus de douanes, on me mettra à la police." Moi, j'aurais été affolé si on m'avait reclassé comme flic. On dépend du ministère des Finances, pas de l'Intérieur ! »

Dans la nouvelle génération, la chasse aux clandestins, à la drogue, aux contrefaçons n'offre pas seulement des occupations de substitution. Mais aussi des raisons d'être. Une fierté renouvelée du métier, pour les jeunes recrues : non plus comme « régulateur économique », mais comme assimilé policier – dont le rôle, protecteur, viril, est valorisé dans les séries télé, flatté par les partis de droite. À l'inverse du « douanier », au mieux oublié de l'opinion publique, au pire méprisé, et à qui aucun parti de gauche ne vient dire : « Nous avons besoin de vous… mais pas pour traquer les sans-papiers ! »

PARIS, VENDREDI 25 JUIN 2010
BATAILLE DANS LA GAUCHE DE GAUCHE

En entrant au SNUI, le Syndicat national unifié des impôts, j'ai aperçu un écriteau sur la porte à côté : « Solidaires Douanes ». Je l'ai poussée, au cas où, sans prévenir. À ma surprise, le jeune qui m'accueille (Éric, je crois) a déjà réfléchi à la question – et même sérieusement : « Nous, on est favorables à un certain protectionnisme, écologique, social. Mais ça débat beaucoup au sein de Solidaires. Il y a une alliance, objective, entre les libéraux et les antilibéraux. Eux croient que tout va s'arranger presque naturellement, que le niveau de vie va s'élever en Chine, qu'au fond il suffit d'attendre. Ils ne veulent pas réguler, par antiétatisme. Nous, on défend que nous avons cet outil, les taxes aux frontières, pas forcément miracle, mais qui peut aider…

– Vous avez écrit des documents là-dessus ?

– Je ne sais pas si on les a terminés. (Il cherche dans ses étagères, me sort des textes pas très probants.) Ça suscite des tensions en interne, donc c'est vrai que, par écrit, on n'a peut-être pas affiché notre position très clairement. Mais faut que je te présente à mon collègue, Élie, il en fait son cheval de bataille… »

Et c'est bien une bataille des idées, en cours, que deux de ses camarades me décrivent.

ÉLIE : Je suis d'un milieu anar, j'ai même démarré une thèse là-dessus, « Dionysos et la pensée anarchiste ». Quand je suis entré dans les douanes, je m'excusais presque auprès des copains. C'était purement alimentaire, mais j'ai vite découvert notre utilité. Tu ouvres un camion de jouets, devant toi ils tombent en miettes, avec n'importe quels produits chimiques dedans – tout ça pour des gamins de 2 ans qui peuvent s'étrangler, s'empoisonner.

MORVAN : De toute façon, au départ, « protectionniste », personne ne l'est, à gauche. Mais on le devient par réflexion. Si on aime les retraites, la Sécu, etc., avec la concurrence à côté, ça ne tiendra pas.

ÉLIE : Y a pas longtemps, le SNUI a produit une note sur « Le coût du travail en France ». Évidemment, nous, on compare ça aux salaires ailleurs, en Europe de l'Est, en Asie, à toutes les importations. Mais des dirigeants d'ATTAC protestent : « C'est la rébellion du travailleur chinois qui va élever leurs conditions. Y a pas besoin de protectionnisme. » Notre rôle, d'après eux, d'après toute une tendance, c'est de susciter des révoltes au niveau international ! C'est naïf. Pareil, une « organisation des douanes mondiales », on veut bien prôner ça… mais on va le prôner longtemps ! Faut arrêter les conneries à un moment. On a des outils au sein de la douane pour contrer le patronat, et on ne les utilise pas !

MORVAN : C'est vraiment un angle mort dans la pensée de gauche. Si tu leur dis « souveraineté alimentaire », ça, c'est bien. Alors que c'est du protectionnisme ! Mais sur les produits industriels, là, ça va plus, tu frises le fascisme.

ÉLIE : On peut contrôler quinze fois les papiers d'une personne, c'est pas un souci. Mais si jamais on veut ouvrir les containers, c'est une atteinte à la libre circulation ! Nous, maintenant, on l'affiche : on est protectionnistes pour les marchandises, et libre-échangistes pour les personnes.

Quotidiennement, c'est l'inverse que font l'Europe et la France : libre-échangistes pour les marchandises, protectionnistes pour les personnes. Une passoire pour le capital et ses produits, une forteresse pour les hommes. Et, de bonne grâce ou non, les douaniers accompagnent cette politique.

ÉLIE : Sarkozy voulait « dépénaliser le droit des affaires », eh bien, nous, on le voit directement, au premier rang.

MORVAN : Mon dernier cas : Carrefour importe ses vélos de Chine avec des étiquettes « Fabriqué à Taiwan ». Forcément, Taiwan c'est 10 % de droits de douane, la Chine 40 %. Je suis monté au créneau. La direction générale a appuyé sur le frein : « Tu t'attaques à un gros morceau. On va laisser tomber. » D'autant que l'importateur a réagi tout de suite : « Bon, si c'est comme ça, si on me cherche des noises ici, je vais passer par Anvers. »

ÉLIE : Et de même, quand est-ce qu'on contrôle les normes ? On ne le fait plus, aux douanes : « Ça va rapporter quoi ? Et en plus c'est chiant. » On compte sur les boîtes pour « s'auto-contrôler ».

MORVAN : Théoriquement, aussi, on a des missions de « protection de l'environnement » – qui ne sont absolument pas remplies.

ÉLIE : Ce qu'ils veulent, c'est qu'on serve de bras armé du MEDEF. Qu'on les aide à l'import-export, qu'on saisisse la contrefaçon. Et qu'on surveille les clandestins, bien sûr, aux PPF [points de passage aux frontières]. On le fait, mais on n'aime pas ça.

Le fossé est immense entre le rôle, progressiste, que pourrait jouer la douane que ces syndicalistes imaginent – et le rôle qu'elle joue pour de bon. Ou pour de mal. M'enfin, rien n'est perdu : y a pas que les anciens qui se souviennent, avec nostalgie, d'une « utilité sociale » pour leur métier. Y a des plus jeunes, aussi, qui la réinventent…

CALAIS, LUNDI 21 FÉVRIER 2011
POUR UNE DOUANE « DE GAUCHE »

« Et je m'appelle Karpouzopoulos, alors vous pouvez imaginer qu'à un moment, dans ma famille, y en a qui ont fui le régime des colonels, en Grèce, parce qu'ils avaient peur de se prendre une balle dans la peau. »

Jacky exerce comme douanier au cœur de l'« Europe forteresse », à Calais – et c'est pas que du bonheur pour lui : « Je fais des contrôles de sûreté dans le Transmanche, voir si y a des bombes, des stups, des armes… et si je tombe sur des clandestins, je dois les remettre aux flics. Mais franchement, quand j'enfile mon uniforme, je me pose la question : est-ce que ces contrôles de sûreté font partie des missions douanières ? Quand on m'a embauché, en 83, on prélevait des échantillons sur les médicaments, sur les jouets, on les envoyait au labo pour le contrôle des normes… C'est fini, maintenant : les jeunes se sentent plus comme des agents de l'immigration, j'en suis persuadé. Tandis que, pour moi, on n'a rien à faire au tunnel sous la Manche.

– Et quand est-ce que ç'a basculé ?

– Y a 93, évidemment. Mais tout ça, on l'a formalisé dans un document y a six ou sept ans. Ça correspondait à la montée en puissance de Sarkozy. On nous a pondu une “nouvelle doctrine d'emploi”, avec des missions fondamentales : le contrôle des stupéfiants, la facilitation des échanges commerciaux, la lutte contre la contrefaçon…

– Ce qu'il faudrait, au fond, c'est que les partis de gauche passent à la contre-offensive, proposent un autre corps de doctrine…

– Exactement. Avec des nouvelles taxes douanières, qui serviraient de régulateur – et qui seraient reversées en aide aux pays en voie de développement. Mais, pour ça, faudrait déjà qu'ils aient une vision économique du monde… »

ÉPILOGUE

LE HAVRE, MARDI 1er FÉVRIER 2011
DANS LES CUISINES

Ce soir, je pourrais ajouter un étage à mon Arc des Défaites.

Grande Salle Franklin, à la Bourse du Travail, les syndicalistes défilent sur l'estrade. Alain Eudier, pour Cooper, sous-traitant automobile à Bolbec, en Normandie (qui évoque « la bataille qu'on a menée et qui a retardé la procédure »), « la boîte qui continue à faire les joints pour Peugeot, mais en Corée maintenant »). Olivier Leberquier, avec les thés Lipton, à Marseille (qui en est à sa deuxième « déloc » : « Quand Unilever a fermé l'usine du Havre, en 1998, c'était soit le chômage, soit un reclassement à Géménos, près de Marseille. Moi et une cinquantaine d'autres, on a accepté de quitter notre région. Et dix années après, finalement, ils veulent se débarrasser de Géménos. Ils replient la production vers la Belgique, qui a consenti une diminution de salaire, et surtout vers la Pologne, c'est moins cher à Katowice. »). Fiat, à Mirafori, Italie (qui, d'après un communiqué syndical, « a soumis les travailleurs à un véritable chantage : soit les ouvriers consentaient à casser leurs contrats, à diminuer les temps de pause, les arrêts maladie, les congés maternité, soit la direction faisait fabriquer le nouveau modèle en Serbie. »)

Avant tout ça, un délégué anglais avait égrainé tous les maux de cette Europe antisociale, « diminution des salaires », « coupes dans les services publics », « allongement de la durée du travail », « chômage de masse », un Espagnol en avait remis une couche, « diminution des salaires », « coupes dans les services publics », « allongement de la durée du travail », « chômage de masse », et un Belge de même.

Je ne vais pas le cacher : j'étais fier de figurer sur l'estrade aux côtés de ces leaders ouvriers. Mais en toute franchise, je ne vais pas le cacher non plus, je m'ennuyais. Ça se répétait. Toujours la même histoire. Toujours la même histoire depuis douze ans que je fais ce boulot, de Whirlpool à Goodyear. Et avec quoi, comme solutions – ou comme ébauches ? Un « mouvement social européen » pour le Belge, une « confluence syndicale » pour l'Espagnol.

« C'est la luuuuutteuh finaaaaleuh
Groupons-nouuuuus, et demaiiiiin,
L'Inteeeernationaaaaleuh
Seraaaaa le genre humaiiin ! »

On descend de la scène et, après une vente de *Fakir* à la criée, on avance vers la cuisine. Devant la marmite de Michel le cuistot, avec nos assiettes en plastique, on défile pour une platée de bœuf mode (tellement succulent que je suis reparti avec une gamelle pour le lendemain). C'est avec honte, presque, que je sonde mon voisin, dirigeant d'un syndicat chrétien à Bruxelles : « Dans toutes les interventions, presque, on a causé de délocalisations, de dumping salarial…

– Oui, parce qu'on subit ça tous les jours.

– Moi, pour tout vous avouer, personne n'a prononcé le mot ce soir, mais je suis partisan d'un certain protectionnisme…

– Moi aussi, admet-il, à ma surprise, avant de reprendre : Mais lequel ? »

La question qu'il ne fallait pas me poser : je me lance dans un exposé sur les modèles proposés par Allais, Sapir, Nikonoff, sur le cadre, national, européen ou international, de sa mise en œuvre, sur les objectifs, sociaux, environnementaux, à poursuivre, sur ce boulevard à ne pas laisser au Front national, etc. Face à moi, deux enseignants de SUD Éducation approuvent. Encouragé, je recommence le même topo à une autre table, à une troisième – et, chaque fois, l'hypothèse rencontre non pas des certitudes, surtout pas, mais la même interrogation. Comme si elle traînait dans bien des esprits qui, complexés, culpabilisés, n'osaient guère la formuler publiquement.

AMIENS, MERCREDI 2 FÉVRIER 2011
MON PROTECTIONNISME

« Mais lequel ? »

Ce syndicaliste belge a raison, bien sûr : une fois brisé cet interdit, on n'a encore rien dit. Car le protectionnisme peut recouvrir cent visages. Que je m'efforce, même vaguement, même rapidement, d'esquisser le mien.

Une précision, d'emblée : protectionniste, je ne le suis pas par principe. Quelle plaie, il me semble, en la matière, que ces prises de position anhistoriques : dans une autre situation – avec, par exemple, des multinationales affaiblies, une moindre révérence des États à l'égard de la finance, des peuples impliqués dans la négociation des traités – dans cette autre situation, je pourrais opter à l'avenir, ou j'aurais pu opter dans le passé, pour une levée des obstacles au commerce. Et sans nul sentiment de me trahir. Car le protectionnisme ne constitue pas, pour moi, une politique en soi, encore moins un idéal. C'est un moyen, et non une fin – un moyen qui, aujourd'hui, pourrait rendre à la politique sa primauté, desserrer l'étau de la concurrence, rouvrir le champ des possibles. C'est une coquille vide, et qui peut se remplir du pire, ou du meilleur : le bras armé d'ambitions rouges et vertes, un protectionnisme moins défensif (industriellement) qu'offensif (socialement, écologiquement).

Et avec quelles mesures ? Une hausse des barrières douanières ? Des quotas sur des produits ciblés ? Un contrôle des flux de capitaux ? Et à l'égard de quels pays ? Les tableaux Excel de l'OMC que je consulte comportent plus de dix mille « lignes tarifaires » : c'est dire l'extrême souplesse dont on dispose, une plasticité qui permet, par exemple, de relever les taxes de 15 % sur les roues de vélo en aluminium en provenance de Hong Kong, de 18 % sur celles en carbone, de 25 % sur celles qui arrivent du Vietnam, etc. Ce cas par cas est à portée de souris, très éloigné des caricatures, de ces douaniers aux gros doigts qui « fermeraient les frontières » à l'aveugle. Du détail de ces décisions, je laisse aux techniciens le soin de débattre – avec cette visée, néanmoins : que le protectionnisme n'avance pas caché, rampant à l'ombre de normes paperassières, masqué derrière d'imbittables « IDC – instruments de défense commerciale ». Qu'il s'affiche, au contraire, bombant le torse – et qu'il affiche avec lui ses objectifs : rompre avec les dumpings en cours.

« Protectionnisme », mais pour se protéger contre quoi, ou contre qui ? Lorsque j'étudiais en prépa HEC, la menace devait venir du Japon, qui avec ses marchandises high-tech allait renverser l'Amérique et l'Europe. Avant cela, on avait eu les dragons asiatiques. L'URSS, dans un registre plus idéologique. L'Iran et ses islamistes, sur le terrain terroristo-religieux. Aujourd'hui, la peur revêt une nouvelle forme : la Chine, ce « vampire du Milieu » qui « nous dicte sa loi », à qui « le monde appartient », qui « ne respecte pas les règles du capitalisme » – comme si nous les avions respectées, nous, depuis cinq siècles, avec nos esclaves et nos champs de coton, nos canons pour gagner des colonies, nos armées pour conserver notre pétrole/uranium/cacao à bas coût. Alors, la Chine, son développement, sa volonté de puissance, même, ne m'alarment pas : qu'en face on montre un autre visage que la volonté d'impuissance, et ce danger sera vite endigué. Non, le péril réside davantage, à mes yeux, dans notre consentement à cette course au néant, dans notre participation à cette quête planétaire du « moins-disant ».

L'ennemi est de classe, d'abord – et ce protectionnisme, je le veux dirigé non pas contre des pays étrangers, mais contre notre oligarchie, contre nos propres firmes, elles qui font aujourd'hui leurs emplettes comme dans les rayons d'un supermarché mondial : des législations environnementales laxistes ici, de bas coûts salariaux plus loin, une zone franche pour le siège social là-bas. Contre l'oligarchie chinoise, aussi, à l'occasion, et mexicaine, brésilienne, indienne, alors que, dans le classement *Forbes*, « la région

Asie-Pacifique bondit de 234 à 332 milliardaires, presque 100 richissimes de plus en une seule année » : « Il est plus facile de devenir riche aujourd'hui en s'installant à Shanghai », analyse une responsable du magazine – qui rebaptise la Chine l'« usine à milliardaires ». Et pour cause : où la richesse pousse-t-elle mieux que sur le fumier de l'exploitation ? Leurs Crésus aux yeux bridés ne valent pas mieux que nos Arnault au teint pâlot, et, sans complexe de Blanc, nous devons les combattre avec la même hargne.

Et on fait quoi, avec les taxes prélevées aux frontières ? Oui, d'accord, comme le proposent Bernard Cassen ou Jacques Nikonoff, on reverse tout aux pays du Sud pour les soutenir dans leur effort.

Et dans quel cadre ? Comme Allais, ou Sapir, européen si possible, mais faut plus rêver.

Etc.

« Vaguement », « rapidement », je ne fais qu'« esquisser ».

Parce que je ne suis pas homme de système. Je sais combien le réel, les rapports de forces, les soubresauts de l'Histoire viennent bouleverser les plus savants calculs : à quoi bon agencer son jeu de quilles au millimètre lorsqu'on devine que, sous peu, caniches et matous viendront s'ébattre dedans ? Et puis, je suis bien trop éloigné du pouvoir pour jouer les conseillers du prince, les technocrates éclairés, dessinant l'avenir au fil des pages comme un architecte dresse la maquette d'une ville nouvelle, forcément parfaite.

Que je me borne à ça : mettre des mots, simplement, sur une aspiration démocratique. Lui rendre sa légitimité. Parce que j'entrevois les semences qu'elle porte, de colère sans doute, mais d'espérance aussi, de changements pour le mieux. Alors qu'à force de la rejeter comme de l'« obscurantisme », du « racisme », de la « xénophobie », elle s'enfoncera pour de bon dans cette impasse-là.

Et n'en sortira que le pire.

On héritera d'un protectionnisme réactionnaire, alors qu'un protectionnisme, bon, peut-être pas révolutionnaire, mais au moins de transformation nous tendait les bras.

AMIENS, DIMANCHE 6 JUILLET 2008
FREIN À MAIN DU PROGRÈS

« Mais ça serait un coup de tonnerre chez les capitalistes ! »

Je m'échauffais sur le chemin, hier, à la sortie de la Teuf à Babeuf, raccompagnant Emmanuel Todd vers son hôtel. Faut dire qu'on avait carburé au « meilleur punch de Picardie » et que, cet hydromel aidant, nous avancions d'un pas moins sûr, mais le verbe enflammé, presque lyrique, refaisant, sinon le monde, du moins la mondialisation.

« Dans *L'Illusion économique*, vous prôniez une rupture de la France avec le libre-échange… et là, dans le débat, je n'ai pas compris : vous misez sur un protectionnisme européen… Mais comment vous envisagez ça ? Comment vous voyez cette Union européenne, libérale jusque dans ses entrailles, comment vous voyez les vingt-sept pays, la Commission européenne, la Banque centrale, d'un coup, tous, ils se disent : “On s'est trompés. On va rebâtir une protection” ?

– Eh bien oui, j'hésite. Y a d'abord que mes amis souverainistes de gauche m'ont déçu, ils se sont naufragés. Et ensuite, je ne crois plus à un pays, comme ça, qui mènerait tout seul sa politique économique…
– Mais regardez le Venezuela ! Il s'agit pas de placer Chávez sur un piédestal, hein… M'enfin, ils auront quand même essayé autre chose. Et en Amérique du Sud, ils ont entraîné d'autres pays derrière eux, qui feront peut-être mieux…
– Oui, mais eux, ils ont le pétrole.
– Mais la France, la France, ça reste quand même la cinquième puissance du monde ! Ça serait un coup de tonnerre chez les capitalistes ! Les cartes du jeu seraient entièrement rebattues !
– Bien sûr, c'est vrai, bien sûr. »

On s'est tus, tous les deux, comme si on attendait ce coup de tonnerre. Comme si on portait ce rêve silencieux en nous. Comme si l'Espoir nous frôlait de son aile : que la France vienne briser l'unanimisme libéral.

Comment avance l'Histoire – lorsqu'elle avance au lieu de reculer ?

Parce que les Grands se réunissent à Washington, à Pittsburgh, à Davos, et décident ensemble que, tiens, cette année, on va accorder une retraite décente à tous nos travailleurs, partout dans le monde, en même temps ? Ou même parce que de gentilles ONG, de braves militants, se rassemblent à Porto Alegre, à Dakar, à Caracas, et font plein de bruit, plein de manifs, plein de débats, pour que les Grands accordent une retraite décente à tous les travailleurs, partout dans le monde, en même temps ?

Jamais. Jamais aucun progrès ne s'est produit, ou ne fut arraché, « partout dans le monde, en même temps », avec des combats synchronisés. Toujours un peuple porta l'élan, pointe avancée de la bataille, d'où part – ou non – une contagion de l'espérance.

Mais voilà, ils ont arrêté l'Histoire.

Ils ont tiré le frein à main du progrès.

Qu'on imagine le Front populaire, aujourd'hui : « "Deux semaines de congés payés" ? "Quarante heures par semaine" ? Nous, on est avec vous, répondrait Léon Blum à la foule, mais si on le fait tout seuls, jamais ça ne va marcher. La compétitivité des entreprises françaises va souffrir. Elles vont perdre des parts de marché. Et au final c'est vous, les salariés, qui risquez d'en pâtir. Donc, nous, socialistes français, socialistes européens, on vous a bien entendus. Ce qu'on vous propose, c'est qu'au prochain Conseil de l'Union, à Bruxelles, on présente une série de mesures à nos partenaires : pour que ces deux semaines de congés payés, cette loi des quarante heures s'imposent (pas tout de suite, mais bientôt) dans tous les États. Qu'on fasse une Europe sociale ! »

Qu'on rejoue 1789, pourquoi pas : « Une "Assemblée nationale", vous réclamez ça ? "Qui déciderait à la place du roi" ? Très bien, non, très bien, je le note. Voire "plus de roi du tout" ? Une quoi ? Une "République" ? Alors, bon, je comprends votre colère, on va tout mettre sur la table lors du prochain sommet, mais je tiens à vous prévenir : je ne suis pas certain que la Prusse sera cent pour cent d'accord. L'Autriche-Hongrie, n'en parlons pas. On peut rencontrer quelques sympathies démocratiques en Angleterre, mais sans plus… À mon avis, si on veut un régime républicain, si on le veut vraiment, il faut se donner le temps de convaincre nos voisins et que, lentement, toute l'Europe s'y mette. Ça prendra du temps, sans doute, mais c'est le seul chemin. »

C'est une leçon d'impuissance.

Que même des révolutionnaires répandent, au fond, pariant sur des révoltes européennes, voire mondiales – sinon rien. Une révolution *nationale*, voilà qui serait devenu impossible, impensable. Ou pire : de droite, digne de Pétain. On peut « penser global » (et aspirer à une « mondialisation solidaire »), on peut « agir local » (et participer à une AMAP), mais plus national, plus à l'échelle d'un pays. Tout ça au sein d'une gauche qui trouve pourtant des charmes aux expériences de la Bolivie, ou du Venezuela…

AMIENS, MARDI 10 MAI 2011
LES CHAUSSETTES DE LA RÉVOLUTION

Je me souviens des chaussettes de Pablo Pino, à Caracas, dans le quartier de Manicomio.

« Ça, c'est mon arme », il me lançait.

En guise d'arsenal, Pablo dégainait son pouce taché d'encre. Il venait de voter, dans le bureau en face, pour les élections *parroquial*, un genre de cantonales. Dans la foulée, il avait aussi trempé son auriculaire dans le flacon. Pour que plusieurs doigts témoignent de son civisme.

« C'est notre arme », il répétait.

L'an dernier, il se rappelait, lors du référendum, la foule montait jusqu'au sommet de la colline, là-bas, et même derrière, et encore derrière, des bataillons de citoyens. À 3 heures du matin, des patrouilleurs les avaient réveillés, au son des trompettes, et ils étaient tous descendus, avec cette seule arme, pour sauver leur président. « Aujourd'hui, non. » Aujourd'hui, juste trois pleupleus dans la file (il faut croire que jamais dans l'Histoire, même dans la Grèce antique, un peuple ne s'est mobilisé pour des « conseillers généraux »). Juste pour l'ambiance, deux partis chavistes se chamaillent, s'accusent de tricherie, etc.

Et qu'ont-ils changé, concrètement, dans le quartier, avec cette « arme » ?

Pablo hésite, « cinq ans, c'est court pour bouleverser les mentalités », mais bon, quand même, pour nous il se creuse : avant, les policiers fonçaient dans les *barrios*, descendaient les voleurs sans sommation. Maintenant plus. Ou moins.

Avant, il se rappelle, à coups de hache, les militaires détruisaient les maisons des Colombiens, les Arabes de chez eux, cassaient leurs masures tout en bois, en haut du *cerro*. Maintenant, l'État délivre des titres de propriété.

Avant, surtout, les pauvres souffraient sans docteur, sans médicaments, d'une rage de dents, d'infections, de chevilles foulées, mouraient de maux bénins. Maintenant, grâce à *« barrio adentro »*, grâce aux médecins cubains, toutes les familles accèdent aux soins, des amis à lui, même, reviennent de Cuba la jambe guérie, mieux que Lourdes et sans un bolivar à débourser.

Et ce soir, à 5 heures, lui se réunit avec ses voisins pour discuter des infiltrations d'eau, les eaux usées qui pourrissent tout, les murs, le sol, faute de canalisations. Ensemble, ils vont porter une demande à la municipalité, « avec obligation d'obtenir une réponse ». Doctement, en séparant bien chaque mot, il cite « la Constitution bolivarienne, article 51 : "Toute personne a le droit de présenter des doléances devant n'importe quelle autorité, fonctionnaire public, homme ou femme, sur les affaires qui relèvent de leur compétence, et d'obtenir une réponse circonstanciée et explicative. Ceux qui violent ce droit seront sanctionnés conformément à la loi, ils pourront être démis de leur fonction."

– Tu la connais par cœur ?

– Une autre arme », il sourit.

Et dans sa vie à lui, il change quoi, le « processus » ?

Fils de *buhonero*, *buhonero* lui-même, qui vendait de l'alcool, de l'huile, des allumettes en ville, avant l'école, avec son papa, lui qui a touché un peu à tout, chauffeur, vigile, garde du corps aujourd'hui, Pablo a repris ses études, dernièrement, décroché un diplôme de technicien supérieur. Assez fier de lui. Fier de son pays, surtout, des pieds à la tête : il est couvert d'un chapeau marqué « Venezuela », d'un tee-shirt aux couleurs nationales, et les chaussettes affichent elles aussi le drapeau ! Pablo rit en les étirant, et vante la richesse écologique de son pays, des parcs nationaux à la forêt amazonienne…

Ses chaussettes me sont restées en mémoire, comme un symbole. C'est dans cette fierté nationale que Pablo et ses compagnons ont trouvé la force, le courage, l'énergie pour renverser leur destinée commune. Loin du frileux « repli sur soi », ils ont alors contaminé leurs voisins avec cette force, ce courage, cette énergie – et toute l'Amérique latine est entrée dans cette sérénade de l'émancipation.

Rien n'est jamais acquis, bien sûr. Aucun grand soir, nulle lutte finale. Et Chávez pourrait bien se muer en César. Heureusement, néanmoins, heureusement que le Venezuela n'a pas attendu l'approbation de la Colombie, du Chili, voire des États-Unis, pour secouer son joug ! Heureusement que la Tunisie n'attend pas l'Algérie, le Maroc, l'Égypte, la Syrie pour se débarrasser de son dictateur !

Et nous, Français, devons-nous attendre que la colère se lève en Italie, en Allemagne, en Angleterre, voire en Inde ou en Chine, pour faire reculer le Capital ? Et les Espagnols, doivent-ils attendre après les Français, les Allemands, etc. ? C'est se condamner, alors, à une Histoire qui fait du sur place. Qui pourrit sur pied. Qui se putréfie et se pétrifie. Quand je crois, moi, en la matière, à l'unilatéralisme. À une sécession qui fait école.

Même pour l'environnement, ce « défi global ».

« Un échec lamentable », ont pleurniché les écologistes après le sommet de Copenhague, à l'automne 2009. Et ils se sont dits « déçus », « consternés », « écœurés de l'incapacité des pays riches à s'engager ». Qu'en espéraient-ils ? Si ces grands-messes internationales apportent des petits mieux – même infimes –, c'est déjà ça. Mais que réclame la question écologique, aujourd'hui ? Des mesurettes, des correctifs – ou une rupture majeure : qu'on limite fermement le trafic aérien, qu'on encadre l'industrie, qu'on impose une mue à l'agriculture, qu'on partage avec vigueur le temps de travail et les revenus, qu'on interdise la publicité, qu'on élève le coût du transport, que le « Produire plus pour consommer plus » soit remplacé par un « Consommer moins, répartir mieux » ? Comment rêver, alors, que ce grand bouleversement saisisse, d'un coup, la planète entière – en harmonie et à l'unanimité ?

Peut-être qu'un peuple est prêt, en revanche, dès aujourd'hui, à assumer cette sécession. À explorer de nouvelles voies. À tenter l'aventure. À faire école, demain, auprès de ses voisins – et de ses lointains.

Sauf que, libre-échange oblige, ses entrepreneurs fuiraient avec usines, capitaux, emplois, vers des terres plus accueillantes à la pollution. Ses marchés seraient inondés de produits moins coûteux, fabriqués ailleurs, sans ces taxes, ces normes, ces contraintes. Ces décisions vigoureuses relèveraient du suicide.

C'est ainsi, en économie ouverte : le vice est récompensé et la vertu punie. Quand on est enveloppé dans les rets de l'OMC, du FMI, de l'Union européenne, le moindre pas en avant semble peser des tonnes. Tout élan est paralysé d'avance.

L'ordre international, c'est toujours l'ordre.

Un pays n'existe, ne devient grand, que par le trouble qu'il sème dans le monde, par les questions qu'il lui pose. La France, comme un volcan, a craché des flammes d'espoir, en 1789, 1830, 1848, 1871, mettant toutes les monarchies en émoi – avec, contre elle, les faux assignats, la fuite des capitaux, les armées à nos frontières, la trahison des généraux. Plus près de nous, et avec moins de fougue, c'est le général de Gaulle qui refuse d'adhérer à l'OTAN, le discours de Villepin à l'ONU contre la guerre en Irak, le « non » massivement sorti des urnes le 29 mai 2005. Autant de points d'appui, ailleurs, en Europe, sur d'autres continents, pour les rebelles qui ne se résignent pas, pour les hommes qui n'opinent pas devant le présent d'un éternel « c'est comme ça ». Tout comme la Russie de 1917, malgré tout, malgré la suite, a ouvert une brèche pour les écrasés des tranchées et d'après. Tout comme le Cuba de 1957 pour le tiers-monde. Tout comme la Guadeloupe de 2009 pour la métropole. Tout comme, jadis, l'Angleterre et son *habeas corpus* pour notre bourgeoisie, etc.

Alors, nous reste-t-il assez d'énergie, ici, assez de force collective, assez de confiance en nous, pour faire résonner, à nouveau, un coup de canon dans le concert roupillant des nations ? Ou sommes-nous fatigués de l'Histoire, préférons-nous vivre à l'ombre, dans les eaux tièdes du libéralisme, laissant les élites de l'argent décider pour nous ?

Cette rupture, nous ne la provoquerons pas, soit.

J'en fais mon deuil, tant pis.

Mais l'épouserons-nous ? Si, demain, d'autres peuples, plus lucides, ou plus dans la mouise, la Grèce, l'Irlande, le Portugal, rompent avec le libre-échange, réclament des barrières douanières, s'efforcent de protéger leurs salariés contre le dumping, imposent des taxes écologiques à leurs frontières, dans quel camp serons-nous ? Parmi les moralistes qui leur rappelleront leurs engagements à l'OMC, les accords qu'ils ont signés à Seattle, le traité de Lisbonne qui interdit de…, la Banque centrale européenne qui exige que…, qui les morigéneront comme quoi le protectionnisme, c'est la guerre, etc. ? Du côté de nos hiérarques qui trônent au FMI ? Ou, au contraire, soutiendrons-nous cette scission, prêts à nous y associer, à les rejoindre dans ce saut vers un inconnu, à réinventer une autre Union – plus forcément fondée sur le tout-marché, la concurrence libre et non faussée, la libre circulation des capitaux et des marchandises ?

Préparons-nous.

Ce choix viendra.

DETTES BIBLIOGRAPHIQUES

Pour écrire ce bouquin, j'en ai lu un paquet d'autres. Comme je ne cite pas mes inspirations au fil du texte, les voici :

Emmanuel Todd, *L'Illusion économique*, Gallimard, 1998.
Emmanuel Todd, *Après la démocratie*, Gallimard, 2008.
Paul Bairoch, *Mythes et paradoxes de l'histoire économique*, La Découverte, 1994.
Ha-Joon Chang, *Bad Samaritans. The Myth of Free Trade and the Secret History of Capitalism*, Bloomsbury Press, 2007.
Ha-Joon Chang, *Kicking Away the Ladder. Development Strategy in Historical Perspective*, Anthem Press, 2002.
Jacques Berthelot, *L'Agriculture, talon d'Achille de la mondialisation*, L'Harmattan, 2001.
Hakim El Karoui, *L'Avenir d'une exception*, Flammarion, 2006.
Serge Halimi, *Le Grand Bond en arrière*, Fayard, 2004.
Noam Chomsky, *Futurs proches*, Lux, 2011.
Frédéric Lordon, *La Crise de trop. Reconstruction d'un monde failli*, Fayard, 2009.
Observatoire de l'Europe industrielle, *Europe Inc.*, Agone, 2005.

REMERCIEMENTS

Ce livre repose largement sur des reportages réalisés pour *Là-bas si j'y suis*, sur France Inter (qu'on peut retrouver sur le site www.la-bas.org). Merci à Daniel Mermet, l'animateur-producteur de cette émission, à la fois pour la liberté qu'il m'accorde et pour sa compréhension lorsque je m'éloigne plusieurs mois.

Des passages ont également paru dans *Le Monde diplomatique* (www.monde-diplomatique.fr). Merci à son directeur, Serge Halimi, pour son accompagnement sur mon chemin protectionniste – et sa générosité sans faille.

Enfin, *Fakir* restera dans l'Histoire comme le seul journal à avoir fait des unes sur « Contre le fatalisme, vive le protectionnisme ! » ou encore « Vive les douaniers ! » (www.fakirpresse.info). Merci à cette formidable équipe qui tolère ma manie.

Je figure sans doute parmi les pires assistés de ce pays. Merci donc aux ASSEDIC Picardie, à la SCAM, à Élodie de Pepperoni, aux Congés Spectacles pour leurs versements de pognon. Et à la famille Souchon pour l'occupation, à titre gracieux, d'une grange au soleil, avec les hirondelles qui tournoient sous le toit.

Merci à Aline, aussi, qui ne m'a toujours pas quitté, et reste à mes côtés – avec Ambre et Jojo. Bravo.

TABLE DES MATIÈRES

COÉDITION ACTES SUD - LEMÉAC

Composé par Nord Compo Multimédia, 7, rue de Fives, 59650 Villeneuve-d'Ascq
Achevé d'imprimer en mars 2013 par l'imprimerie Normandie Roto Impression s.a.s., à Lonrai pour le compte des Éditions Actes Sud, le Méjan, place Nina-Berberova, 13200 Arles
Dépôt légal : Avril 2013
N° d'impression : 131200
(Imprimé en France)